Lira Vek

Défiant l'interdiction des entités de pensée quantique sur Yorax3

Mustafa Ibrahim

ISBN: 9781998634521
Imprint: Telephasic Workshop
Copyright © 2024 Mustafa Ibrahim.
All Rights Reserved.

Contents

Chapitre 1 : Les Origines de Lira Vek — 1
La jeunesse sur Yorax3 — 1
Le voyage hors de Yorax3 — 23
Face à l'oppression et défiant l'interdiction de la pensée quantique — 45
Héritage de Lira et avenir des penseurs quantiques — 67

Chapitre 2 : Alliés et adversaires — 89
Mouvements des droits civils extraterrestres dans la galaxie — 89
Répression gouvernementale et opposition — 100
Influences externes et soutien intergalactique — 110

Chapitre 3 : Vision de Lira pour l'avenir — 119
Évolution des mouvements pour les droits quantiques — 119
Rôle de l'éducation et sensibilisation — 127
Surmonter les défis et embrasser les différences — 133
Implications éthiques de la pensée quantique — 139

Chapitre 4 : Vie personnelle de Lira et impact sociétal — 147
Relations et cercle personnel de Lira — 147
Influence de Lira sur la société de Yorax3 — 153
Contributions de Lira aux arts et à la culture — 159
Héritage durable de Lira — 165

Index — 173

Chapitre 1 : Les Origines de Lira Vek

La jeunesse sur Yorax3

Naissance et enfance de Lira

Lira Vek est née sur la planète Yorax3, une sphère vibrante de couleurs et de cultures, où les entités de pensée quantique coexistaient avec d'autres formes de vie extraterrestre. Sa naissance, marquée par un phénomène rare de convergence quantique, a été perçue comme un signe de destin. Les sages de Yorax3 ont prédit qu'elle serait un catalyseur de changement dans un monde où la pensée quantique était déjà en proie à l'oppression.

Contexte culturel et familial

Lira est issue d'une famille d'intellectuels et d'artistes. Son père, un éminent scientifique, a consacré sa vie à l'étude des propriétés des champs quantiques, tandis que sa mère, une poétesse, a utilisé l'art pour exprimer les luttes des penseurs quantiques. Leurs valeurs ont profondément influencé Lira, qui a grandi entourée de discussions sur la liberté d'expression et les droits civiques.

Éducation précoce

Dès son plus jeune âge, Lira a montré un vif intérêt pour la connaissance. Elle a été scolarisée dans une académie réputée pour son approche novatrice de l'éducation, où la pensée critique et l'exploration des idées étaient encouragées. Au cours de ses études, elle a exceller dans des matières telles que la physique quantique, la philosophie, et les arts.

$$E = mc^2 \qquad (1)$$

Cette équation, bien que célèbre, a pris une signification particulière pour Lira. Elle a souvent médité sur l'interconnexion de la matière et de l'énergie, ce qui l'a amenée à voir les relations entre les individus et leurs pensées comme un champ d'énergie dynamique, influençant le monde qui les entoure.

Confrontations avec l'interdiction de la pensée quantique

En grandissant, Lira a été témoin des restrictions imposées aux penseurs quantiques sur Yorax3. Elle se souvient d'une journée particulière où son professeur, un fervent défenseur des droits civiques, a été arrêté pour avoir partagé des idées quantiques avec ses élèves. Cet événement a été un tournant dans la vie de Lira, éveillant en elle un sens aigu de la justice et un désir ardent de s'opposer à l'oppression.

Développement d'un intérêt pour l'activisme

Lira a commencé à s'impliquer dans des mouvements clandestins qui soutenaient les droits des penseurs quantiques. Elle a assisté à des réunions secrètes où des idées audacieuses étaient échangées, et où l'on parlait de la nécessité de revendiquer le droit à la pensée libre. Ces expériences l'ont façonnée, lui donnant la détermination nécessaire pour devenir une militante.

Rencontres avec des figures influentes

Au cours de son adolescence, Lira a eu la chance de rencontrer des figures emblématiques du mouvement pour les droits quantiques. Ces rencontres ont été marquantes; elle a été inspirée par des leaders qui avaient sacrifié leur liberté pour défendre des principes qu'ils considéraient comme fondamentaux. Lira a commencé à forger des liens avec ces mentors, apprenant d'eux les stratégies d'activisme et l'importance de la solidarité.

Formation des convictions et idéaux

Les expériences de Lira, combinées à son éducation, ont conduit à la formation de ses convictions. Elle croyait fermement que chaque individu, indépendamment de sa capacité à penser quantiquement, méritait d'être traité avec dignité et respect. Ces idéaux ont été les pierres angulaires de son activisme futur.

Premiers contacts avec les mouvements extraterrestres pour les droits civils

Alors qu'elle poursuivait ses études, Lira a découvert des mouvements similaires sur d'autres planètes. Elle a commencé à correspondre avec des activistes d'autres systèmes solaires, échangeant des idées et des stratégies. Cela a élargi sa perspective et lui a permis de comprendre que la lutte pour les droits quantiques était un combat universel.

Décision de défendre les penseurs quantiques

Finalement, Lira a pris la décision consciente de se consacrer entièrement à la défense des penseurs quantiques. Elle a compris que sa voix, bien que jeune, pouvait avoir un impact significatif. Avec la passion ardente d'une jeune activiste, elle a commencé à organiser des rencontres, à écrire des manifestes et à mobiliser ses pairs pour la cause.

Premiers pas dans l'activisme

Ses premiers pas dans l'activisme ont été marqués par des défis, mais aussi par des succès. Lira a organisé des événements qui ont attiré l'attention sur la situation des penseurs quantiques. Ces initiatives ont non seulement sensibilisé la population, mais ont également commencé à créer un mouvement de solidarité qui s'étendait au-delà des frontières de Yorax3.

Impact sur Yorax3

Lira Vek, dès son enfance, a été façonnée par son environnement et ses expériences. Son parcours, de la naissance à l'éveil de sa conscience politique, a été une préparation pour le rôle crucial qu'elle jouerait dans la lutte pour les droits civiques des penseurs quantiques. Elle est devenue une figure emblématique, inspirant des générations à se battre pour la liberté de pensée et d'expression.

Origines familiales et contexte culturel

Lira Vek est née dans une famille aux racines profondément ancrées dans la culture de Yorax3, une planète où la pensée quantique et l'expression individuelle sont souvent perçues comme des menaces. Ses parents, Aelion et Kira Vek, étaient tous deux des penseurs respectés dans leur communauté, mais ils ont également été victimes de la répression croissante exercée par le gouvernement de Yorax3.

Les parents de Lira

Aelion, un scientifique reconnu, était un pionnier dans le domaine de la recherche sur la pensée quantique. Il a consacré sa vie à l'étude des implications éthiques et sociales de cette capacité unique, mais ses travaux ont attiré l'attention des autorités, qui considéraient ses idées comme subversives. Kira, quant à elle, était une artiste dont les œuvres exprimaient la beauté et la complexité de l'esprit quantique. Ensemble, ils ont créé un foyer où la curiosité intellectuelle et la créativité étaient encouragées, mais où la peur de la répression planait constamment.

Leur maison était un lieu de rassemblement pour d'autres penseurs quantiques, où des discussions passionnées sur la liberté d'expression et les droits civiques avaient lieu. Cependant, cette atmosphère d'ouverture était également teintée d'une profonde anxiété, car les autorités surveillaient de près les activités de ces groupes. Lira a grandi en entendant des histoires de résistance et de courage, mais aussi des récits de perte et de souffrance, ce qui a façonné sa compréhension du monde qui l'entoure.

Le contexte culturel de Yorax3

Yorax3 est une planète riche en diversité culturelle, mais elle est également marquée par des tensions sociales profondes. Les traditions de la pensée quantique sont anciennes, mais elles ont été progressivement étouffées par un régime autoritaire qui prône la conformité et la soumission. La culture populaire de Yorax3 valorise les récits héroïques de ceux qui ont défié les normes, mais en réalité, le risque de répression est omniprésent.

La société yoraxienne est divisée entre ceux qui soutiennent le régime et ceux qui aspirent à une plus grande liberté. Les mouvements pour les droits civiques, bien que présents, sont souvent fragmentés et manquent de ressources. Les penseurs quantiques, en particulier, sont stigmatisés et considérés comme des parias. Lira a été exposée à cette dichotomie dès son plus jeune âge, ce qui a nourri son désir de lutter pour un changement.

Les premiers enseignements de Lira

Au cours de son enfance, Lira a appris à naviguer entre ces deux mondes. Elle a été encouragée par ses parents à explorer ses capacités de pensée quantique, mais elle était également consciente des dangers qui l'accompagnaient. À l'école, elle a rencontré des enseignants qui partageaient ses idéaux, mais aussi des camarades qui craignaient d'exprimer leurs opinions.

Lira a commencé à comprendre que la répression ne se manifestait pas seulement par des lois, mais aussi par des attitudes culturelles et sociales. Elle a vu comment la peur pouvait paralyser l'innovation et l'expression artistique. Cela l'a poussée à développer une conscience critique et à s'interroger sur les valeurs qui sous-tendaient sa société.

Les influences extérieures

La famille Vek a également été influencée par des mouvements de pensée extérieurs à Yorax3. Des contacts avec des extraterrestres d'autres planètes ont introduit des idées nouvelles et des perspectives différentes sur les droits civiques et la liberté d'expression. Ces échanges ont ouvert l'esprit de Lira à la possibilité d'un monde où la pensée quantique n'était pas seulement acceptée, mais célébrée.

Lira a commencé à rêver d'une coalition intergalactique qui unirait les penseurs quantiques de différentes planètes. Elle a compris que la lutte pour les droits civiques transcende les frontières culturelles et que la solidarité est essentielle pour surmonter l'oppression. Ces idées ont été le catalyseur de son engagement futur dans l'activisme.

Conclusion

Ainsi, les origines familiales et le contexte culturel de Lira Vek ont joué un rôle crucial dans son développement en tant que militante pour les droits civiques. La combinaison de l'héritage intellectuel de ses parents, des tensions sociales sur Yorax3 et des influences extérieures a forgé sa vision d'un univers où la pensée quantique est libre et valorisée. En tant que jeune activiste, Lira a commencé à défier les normes établies, déterminée à transformer la société qui l'entourait et à revendiquer les droits des penseurs quantiques.

Éducation et réalisations académiques

Lira Vek, dès son plus jeune âge, a montré une aptitude exceptionnelle pour les sciences et les mathématiques, des disciplines qui l'ont profondément influencée dans son parcours d'activiste. Sa jeunesse sur Yorax3, une planète où l'éducation était à la fois un privilège et un enjeu, a façonné ses convictions et sa détermination à lutter contre les injustices.

Système éducatif sur Yorax3

Le système éducatif de Yorax3 était structuré autour d'un modèle d'apprentissage rigide, où les élèves étaient encouragés à exceller dans des matières spécifiques, souvent au détriment de la pensée critique. Les écoles, bien que dotées de ressources avancées en technologie quantique, étaient soumises à des directives strictes établies par le gouvernement, limitant l'exploration des idées controversées, notamment celles relatives à la pensée quantique. Cela a créé un environnement où les étudiants devaient naviguer entre la conformité et leur curiosité intellectuelle.

Parcours académique de Lira

Lira a fréquenté l'Académie des Sciences Quantique de Yorax3, une institution réputée pour sa rigueur académique et ses recherches de pointe. Elle a rapidement attiré l'attention de ses professeurs grâce à ses projets novateurs, notamment une thèse sur les implications éthiques de la pensée quantique, qu'elle a présentée lors d'une conférence intergalactique. Sa capacité à articuler des concepts complexes de manière claire et engageante lui a valu le respect de ses pairs et des enseignants.

$$E = mc^2 \tag{2}$$

Cette équation, bien que célèbre, n'était qu'un point de départ pour Lira. Elle a élargi ce concept en examinant comment la pensée quantique pourrait transcender les limites de la physique traditionnelle, suggérant que les pensées elles-mêmes pourraient avoir une forme d'énergie capable d'influencer la réalité.

Réalisations académiques

Lira a reçu plusieurs prix académiques durant son parcours, notamment le Prix de l'Innovation Quantique, qui récompensait les jeunes chercheurs ayant proposé des idées novatrices dans le domaine de la pensée quantique. Son projet phare, intitulé *Interférence et Conscience : Une Nouvelle Perspective sur la Pensée Quantique*, a été salué pour sa profondeur et sa vision audacieuse.

Publications et recherches

En plus de ses contributions en classe, Lira a publié plusieurs articles dans des revues scientifiques de renom. Son article *Les Paradigmes de la Pensée Quantique : Vers une Nouvelle Éthique* a été particulièrement influent, abordant les implications morales de l'interdiction de la pensée quantique et appelant à une réévaluation des lois en vigueur sur Yorax3. Elle y a introduit des concepts tels que :

$$\text{Droits quantiques} = f(\text{Conscience, Liberté, Éthique}) \tag{3}$$

où f représente une fonction qui relie les droits quantiques aux notions de conscience, de liberté et d'éthique.

Mentorat et influence

Lira a également eu la chance de travailler avec des mentors influents, tels que le professeur Thalor K'vren, un éminent défenseur des droits civiques et expert en pensée quantique. Sous sa direction, Lira a non seulement approfondi ses connaissances académiques, mais a également été initiée aux luttes des penseurs quantiques à travers la galaxie. Ce mentorat a été crucial dans le développement de ses convictions et de son engagement envers l'activisme.

Engagement précoce dans l'activisme

C'est durant ses études que Lira a commencé à s'impliquer dans des mouvements étudiants pour les droits civiques, organisant des débats et des forums sur l'importance de la pensée quantique et son interdiction. Elle a également été l'une des fondatrices du *Collectif des Étudiants pour les Droits Quantique*, qui a joué un rôle clé dans la sensibilisation des jeunes sur la question des droits des penseurs quantiques. Lira a su allier ses compétences académiques à son engagement civique, posant les bases de son futur activisme.

Conclusion

En somme, l'éducation de Lira Vek sur Yorax3 ne s'est pas limitée à l'acquisition de connaissances académiques, mais a également été un catalyseur pour son engagement en faveur des droits civiques. Ses réalisations académiques, couplées à son esprit critique et à sa passion pour la justice, ont fait d'elle une figure emblématique dans la lutte pour les droits des penseurs quantiques, marquant le début d'un parcours qui l'amènerait à défier les normes établies et à se battre pour un avenir meilleur.

Premières confrontations avec l'interdiction de la pensée quantique

Lira Vek, dès son jeune âge, a été confrontée à l'interdiction de la pensée quantique sur Yorax3. Cette interdiction, édictée par le gouvernement autoritaire de la planète, était fondée sur la peur des conséquences que pourraient engendrer les capacités de pensée quantique. En effet, la pensée quantique, qui permet aux individus de manipuler des concepts et des idées à un niveau fondamental, était perçue comme une menace pour l'ordre établi. Lira, avec son esprit curieux et son sens aigu de la justice, ne pouvait rester passive face à cette injustice.

Contexte de l'interdiction

L'interdiction de la pensée quantique sur Yorax3 a été justifiée par les autorités par des arguments qui mêlaient science et propagande. Le gouvernement prétendait que la pensée quantique pouvait mener à des catastrophes, à la désintégration de la société, ou encore à des manipulations psychologiques à grande échelle. En réalité, cette interdiction visait surtout à maintenir le contrôle sur la population et à étouffer toute forme de dissidence. Les théories quantiques, bien que complexes, offraient un potentiel immense pour le progrès et l'innovation, mais les dirigeants de Yorax3 craignaient que cela ne remette en question leur autorité.

Les premières confrontations de Lira

Lira, alors âgée de dix ans, a commencé à ressentir les effets de cette interdiction lorsqu'elle a été témoin de l'arrestation de son professeur, un penseur quantique respecté, lors d'une démonstration éducative. Ce professeur, qui avait tenté d'expliquer les principes de la pensée quantique à ses élèves, a été accusé de « subversion intellectuelle » et de « mise en danger de l'ordre public ». Cet événement a profondément marqué Lira et a éveillé en elle une conscience sociale aiguë. Elle a commencé à questionner les lois en vigueur et à s'interroger sur la légitimité de ces restrictions.

Théories et problèmes soulevés

La pensée quantique repose sur des principes tels que la superposition et l'intrication, qui permettent des interactions à des niveaux que la pensée classique ne peut appréhender. Par exemple, la superposition permet à une particule d'exister dans plusieurs états simultanément, ce qui peut être représenté par l'équation suivante :

$$|\psi\rangle = \alpha|0\rangle + \beta|1\rangle \qquad (4)$$

où $|\psi\rangle$ est l'état quantique, α et β sont des coefficients complexes représentant les probabilités des états $|0\rangle$ et $|1\rangle$.

Cependant, les autorités de Yorax3 ont interprété ces concepts comme des outils potentiels de manipulation psychologique. Lira a commencé à comprendre que la peur de l'inconnu et l'ignorance étaient les véritables moteurs de cette interdiction. Elle a donc décidé de s'engager dans des discussions clandestines avec d'autres jeunes intéressés par la pensée quantique, cherchant à démystifier ces théories et à promouvoir une compréhension plus nuancée.

Exemples de résistance

Au fil des années, Lira a organisé des réunions secrètes où elle partageait des livres interdits et des articles sur la pensée quantique. Ces rencontres, bien que risquées, ont permis à un petit groupe d'activistes d'échanger des idées et de renforcer leur détermination. Lira a également commencé à écrire des essais sur les droits civiques des penseurs quantiques, soulignant l'importance de la liberté d'expression et de la créativité intellectuelle.

Un incident marquant a eu lieu lors d'une de ces réunions, lorsque des agents de sécurité du gouvernement ont fait irruption. Au lieu de fuir, Lira a pris la parole, défiant les autorités avec une passion qui a inspiré ses camarades. Elle a déclaré :

> « La pensée quantique n'est pas un crime, mais un droit fondamental de tout être conscient ! Nous ne devons pas laisser la peur dicter notre avenir ! »

Cette confrontation a été un tournant pour Lira, qui a compris que son activisme devait non seulement se concentrer sur la pensée quantique, mais aussi sur la lutte contre le régime oppressif qui la réprimait.

Conclusion des premières confrontations

Les premières confrontations de Lira avec l'interdiction de la pensée quantique ont non seulement façonné son identité, mais ont également jeté les bases de son futur activisme. Elle a appris que la résistance prenait de nombreuses formes, allant de la simple discussion à des actes de défi ouvert. Ces expériences ont cultivé en elle une résilience et une détermination qui allaient devenir les pierres angulaires de son combat pour les droits civiques des penseurs quantiques.

Lira Vek, avec son esprit indomptable, était sur le point de devenir une figure emblématique dans la lutte pour la liberté d'expression et l'acceptation de la pensée quantique sur Yorax3 et au-delà. Sa jeunesse, marquée par ces confrontations, serait le terreau fertile d'un mouvement qui changerait à jamais le cours de l'histoire de sa planète.

Développement d'un intérêt pour l'activisme des droits civils

Lira Vek, dès son plus jeune âge, a été témoin des injustices qui frappaient les penseurs quantiques sur Yorax3. La société de Yorax3, bien que technologiquement avancée, était marquée par une répression systématique des idées jugées subversives. L'interdiction de la pensée quantique, qui interdisait l'expression et l'exploration de concepts complexes liés à la conscience et à la réalité, a profondément influencé le développement de Lira en tant qu'activiste.

Lira a grandi dans un environnement où la pensée critique était souvent étouffée. Les cours à l'école, bien que rigoureux, étaient imprégnés d'une idéologie qui glorifiait la conformité et le respect aveugle des lois. Cependant, au fur et à mesure qu'elle progressait dans ses études, elle a commencé à se rendre compte que le savoir et la vérité ne peuvent être contenus par des dogmes. Cette prise de conscience a été catalysée par plusieurs événements marquants dans sa jeunesse.

Les premières influences

L'un des moments décisifs a été la rencontre avec un professeur de sciences, le Dr. Aelion, qui a encouragé ses élèves à poser des questions et à défier les idées reçues. Le Dr. Aelion a introduit Lira à des concepts de pensée quantique de manière subtile, lui montrant que la réalité pouvait être perçue sous différents angles. Cela a éveillé en elle un désir ardent de comprendre les injustices qui entouraient les penseurs quantiques. En effet, le Dr. Aelion a souvent cité le principe de superposition, exprimé par l'équation suivante :

$$|\Psi\rangle = \sum_i c_i |i\rangle \qquad (5)$$

où $|\Psi\rangle$ représente l'état quantique d'un système, et $|i\rangle$ sont les états de base possibles. Cette équation, bien que complexe, a symbolisé pour Lira la multitude de perspectives qui existent dans le monde, et comment chacune d'elles mérite d'être entendue.

Confrontation avec l'injustice

Lira a également été témoin de la répression dont faisaient l'objet les penseurs quantiques. Lors d'une manifestation pacifique pour la liberté d'expression, elle a vu des amis et des camarades se faire arrêter et emprisonner simplement pour avoir osé exprimer leurs opinions. Ces événements ont été des catalyseurs puissants pour son engagement. Elle a commencé à comprendre que l'activisme n'était pas seulement une question de défendre des idées, mais aussi de se battre pour les droits fondamentaux des individus.

Les manifestations étaient souvent brutales, et Lira a vu des figures emblématiques de l'activisme, comme le leader des droits civiques, Zorax T'Varn, qui prônait la résistance pacifique face à l'oppression. Zorax a déclaré un jour :

> "Nous ne pouvons pas nous permettre de rester silencieux. Chaque voix compte, et chaque silence est une complicité."

Cette citation a profondément résonné en Lira et a renforcé son engagement à ne pas rester passive face à l'injustice.

Éveil à l'activisme

À travers ses lectures, Lira a découvert des mouvements similaires sur d'autres planètes. Elle a été fascinée par les récits de luttes pour les droits civils sur des mondes comme Gliese 581g et Tau Ceti e, où des penseurs quantiques avaient réussi à renverser des régimes oppressifs par la mobilisation collective. Ces histoires ont non seulement élargi sa perspective, mais lui ont également donné des outils théoriques pour comprendre son propre contexte. Lira a commencé à étudier des théories politiques et sociales, s'intéressant particulièrement aux travaux de penseurs comme le philosophe intergalactique Xelorian, qui a écrit :

> "La véritable liberté réside dans la capacité de penser librement, et de défendre cette pensée contre toute forme d'oppression."

Cette phrase a été un mantra pour Lira, la guidant dans son cheminement vers l'activisme.

Premiers pas vers l'activisme

Les premiers pas de Lira dans l'activisme ont été modestes mais significatifs. Elle a commencé par organiser des groupes d'étude clandestins où les jeunes de Yorax3 pouvaient discuter librement des idées quantiques. Ces rencontres ont permis de créer une communauté de soutien, où chacun pouvait partager ses expériences et ses préoccupations.

Lira a également commencé à écrire des articles pour un journal étudiant, dénonçant l'interdiction de la pensée quantique et appelant à une réforme. Ses écrits, bien que risqués, ont commencé à attirer l'attention, et elle a rapidement gagné un petit mais dévoué groupe de partisans.

Conclusion

Ainsi, le développement de l'intérêt de Lira pour l'activisme des droits civils a été façonné par une combinaison d'influences personnelles, de confrontations avec l'injustice, et d'une quête pour la vérité. Son parcours est un témoignage du pouvoir de la connaissance et de la nécessité de défendre les droits fondamentaux de chaque individu, peu importe les obstacles. En cultivant une passion pour la pensée critique et en s'engageant dans des actions concrètes, Lira Vek a posé les bases de son futur rôle en tant que leader dans la lutte pour les droits des penseurs quantiques sur Yorax3 et au-delà.

Rencontres avec des figures influentes dans la vie de Lira

Lira Vek, dès son jeune âge sur Yorax3, a eu la chance de croiser des figures marquantes qui ont façonné ses idéaux et son engagement envers les droits civils des penseurs quantiques. Ces rencontres ont joué un rôle crucial dans la formation de son identité et de sa mission. Cette section explore quelques-unes de ces personnalités, leurs impacts sur Lira, et comment ces interactions ont contribué à la dynamique de son activisme.

Le Mentor Visionnaire : Eldran Qor

Eldran Qor, un ancien professeur de philosophie quantique à l'Université de Yorax3, a été l'une des premières figures influentes dans la vie de Lira. Sa réputation en tant que penseur avant-gardiste et défenseur des droits civiques a attiré l'attention de Lira lorsqu'elle était encore étudiante. Qor a initié Lira aux concepts de la pensée quantique et de son interdiction, lui montrant comment ces idées pouvaient être appliquées à la lutte pour la justice sociale.

$$\text{Pensée Quantique} = \text{Liberté d'Expression} + \text{Égalité des Droits} \qquad (6)$$

Cette équation symbolique, que Qor a partagée avec Lira, représentait l'idée que la pensée quantique ne pouvait exister sans un cadre de liberté et d'égalité. Qor a également encouragé Lira à participer à des débats et à des forums, où elle a pu exprimer ses idées et affiner ses compétences oratoires. L'influence de Qor s'est avérée déterminante lorsque Lira a commencé à organiser des groupes d'études sur les droits des penseurs quantiques, lui permettant de rassembler des étudiants partageant les mêmes idées.

L'Ami Engagé : Zara T'Khan

Zara T'Khan, une militante passionnée et une amie proche de Lira, a également joué un rôle significatif dans son parcours. T'Khan venait d'une famille de penseurs quantiques et avait été témoin des injustices auxquelles sa communauté était confrontée. Leur amitié a été cimentée par des expériences partagées de discrimination et de lutte. Ensemble, elles ont fondé le *Collectif des Jeunes Penseurs Quantiques* (CJQP), une organisation visant à sensibiliser les jeunes sur les droits civiques.

Zara a introduit Lira à des méthodes d'activisme non-violent, inspirées des mouvements de droits civiques sur d'autres planètes. Leur slogan, *"La pensée est libre, la pensée est notre droit!"*, est devenu un cri de ralliement pour leur cause. Lira a appris de Zara l'importance de la solidarité et de l'entraide dans la lutte pour les droits civiques, et cette leçon a été cruciale pour le développement de sa vision pour la Coalition Intergalactique pour les Droits Quantiques.

Le Rival Philosophe : Dr. Narek Voss

Cependant, toutes les rencontres n'étaient pas positives. Dr. Narek Voss, un philosophe influent mais opposé aux idées de Lira, a également joué un rôle dans son développement. Voss soutenait que l'interdiction de la pensée quantique était justifiée, arguant que ces capacités pouvaient mener à des désastres sociétaux. Ses discours, souvent empreints de rhétorique persuasive, ont confronté Lira à des défis intellectuels significatifs.

$$\text{Opposition} = \text{Débat} + \text{Évolution des Idées} \tag{7}$$

Cette équation résume la dynamique de la confrontation entre Lira et Voss. Leurs débats publics ont non seulement affûté les arguments de Lira, mais ont également attiré l'attention sur la question des droits quantiques dans l'ensemble de la société de Yorax3. Ces interactions ont renforcé la détermination de Lira à défendre ses convictions, la poussant à explorer des avenues plus créatives pour sensibiliser le public.

Les Alliés Étrangers : Les Émissaires de Zylor

Un tournant majeur dans la vie de Lira a eu lieu lors d'une rencontre avec des émissaires de la planète Zylor. Ces visiteurs, réputés pour leur expertise en matière de droits civiques intergalactiques, ont partagé des stratégies de mobilisation qui avaient réussi sur leur propre planète. Lira a été particulièrement inspirée par leur approche centrée sur la communauté et leur capacité à unir diverses factions autour d'une cause commune.

$$\text{Mobilisation} = \text{Communauté} + \text{Stratégies Partagées} \qquad (8)$$

Cette équation a servi de guide pour Lira dans ses efforts ultérieurs. Elle a appris à adapter les méthodes zyloriennes à la culture de Yorax3, renforçant ainsi l'efficacité de ses campagnes d'activisme. Les émissaires de Zylor sont devenus des alliés clés dans la lutte de Lira, lui offrant non seulement des conseils stratégiques, mais aussi un réseau de soutien intergalactique.

Conclusion : L'Impact des Rencontres

Les rencontres de Lira avec ces figures influentes ont été fondamentales dans son parcours d'activiste. Chacune d'elles a contribué à forger ses convictions, à élargir son réseau et à affiner ses stratégies. Qu'il s'agisse d'un mentor, d'un ami engagé, d'un rival intellectuel ou d'alliés intergalactiques, ces interactions ont enrichi la vision de Lira pour un univers où la pensée quantique est célébrée et protégée. C'est à travers ces expériences qu'elle a pu comprendre la complexité des luttes pour les droits civiques et développer une approche nuancée qui allait définir son activisme futur.

En somme, les figures influentes dans la vie de Lira Vek ont non seulement été des sources d'inspiration, mais également des catalyseurs de changement qui ont façonné le cours de son engagement pour les droits des penseurs quantiques. Grâce à ces rencontres, Lira a pu évoluer d'une jeune idéaliste à une leader respectée dans la lutte pour la justice sociale à travers le cosmos.

Formation des convictions et idéaux de Lira

Lira Vek, dès son plus jeune âge, a été plongée dans un environnement où les valeurs de justice, d'égalité et de liberté étaient omniprésentes. Ces idéaux ont été façonnés par plusieurs facteurs clés, allant de son éducation familiale à ses interactions avec des figures influentes sur Yorax3.

Influence familiale et culturelle

La famille de Lira, issue d'une lignée d'intellectuels et d'activistes, a joué un rôle crucial dans la formation de ses convictions. Son père, un éminent scientifique, lui a inculqué l'importance de la pensée critique et de l'exploration intellectuelle. Sa mère, une militante des droits civiques, a souvent partagé des récits de luttes passées, soulignant la nécessité de défendre les opprimés. Ces histoires ont profondément marqué Lira, lui montrant que le changement était non seulement possible, mais nécessaire.

Éducation et éveil politique

Lira a reçu une éducation rigoureuse, où les principes de la philosophie et de la sociologie ont été au cœur de son apprentissage. Elle a étudié les théories de la justice sociale, notamment celles de John Rawls, qui soutiennent que les inégalités doivent être arrangées de manière à bénéficier aux plus désavantagés. Cette théorie a résonné chez Lira, lui permettant de développer un cadre éthique pour ses actions futures.

$$J = \frac{1}{2} \sum_{i=1}^{n} (x_i - \bar{x})^2 \qquad (9)$$

où J représente la justice sociale, x_i les niveaux de bien-être des individus, et $\bar{x}$ la moyenne du bien-être. Lira a compris que la justice ne pouvait être atteinte que par un engagement actif pour réduire les inégalités sur Yorax3.

Rencontres avec des figures influentes

Au cours de sa jeunesse, Lira a eu l'occasion de rencontrer plusieurs figures influentes qui ont enrichi ses idées. Parmi elles, le célèbre penseur quantique Arion Zelt, qui a été un fervent défenseur des droits des penseurs quantiques. Ses discours passionnés sur la liberté d'expression et la pensée libre ont éveillé chez Lira une conscience aiguë des injustices auxquelles ces individus faisaient face. Zelt a souvent déclaré :

> "Une société qui réprime la pensée est une société qui se condamne à l'obscurantisme."

Cette citation est devenue un mantra pour Lira, renforçant sa détermination à lutter contre l'oppression.

Développement d'une éthique de l'activisme

À mesure que Lira grandissait, elle a commencé à forger sa propre éthique de l'activisme. Elle croyait fermement que l'activisme ne devait pas seulement être réactif, mais aussi proactif. Cette vision est en partie influencée par les théories de la non-violence de Gandhi et Martin Luther King Jr., qui prônent la résistance pacifique face à l'oppression. Lira a souvent réfléchi à la question suivante :

"Comment pouvons-nous revendiquer nos droits sans devenir nous-mêmes oppresseurs ?"

Cette introspection l'a amenée à développer des stratégies d'activisme qui privilégient le dialogue et la compréhension plutôt que la confrontation.

Engagement envers les droits quantiques

Finalement, les convictions de Lira ont convergé vers un engagement fort en faveur des droits des penseurs quantiques. Elle a reconnu que l'interdiction de la pensée quantique sur Yorax3 n'était pas seulement une violation des droits individuels, mais un obstacle à l'avancement de la société dans son ensemble. En intégrant des éléments de la théorie des systèmes complexes, elle a compris que chaque individu, en tant que penseur quantique, contribue à un réseau de connaissances qui profite à l'ensemble de la communauté.

$$C = \sum_{i=1}^{n} \frac{1}{d_i} \qquad (10)$$

où C représente la contribution collective des penseurs quantiques, et d_i est le degré de séparation entre les individus dans le réseau. Cette équation a renforcé sa conviction que la diversité des pensées est essentielle pour la prospérité de la société.

Conclusion

Ainsi, la formation des convictions et idéaux de Lira Vek est le résultat d'un mélange complexe d'influences familiales, éducatives et culturelles, renforcé par des rencontres significatives et une réflexion personnelle approfondie. Ces éléments ont non seulement façonné son identité, mais ont également jeté les bases de son engagement indéfectible pour les droits civiques des penseurs quantiques sur Yorax3 et au-delà.

Premiers contacts avec les mouvements extraterrestres pour les droits civils

Lira Vek, en tant que jeune militante sur Yorax3, a d'abord pris conscience de l'ampleur des luttes pour les droits civils qui se déroulaient au-delà de sa planète natale. Les mouvements extraterrestres pour les droits civils n'étaient pas seulement des échos lointains de ses propres préoccupations, mais des voix vibrantes et puissantes qui résonnaient dans l'univers. Ces premiers contacts ont été cruciaux pour le développement de sa vision et de son engagement.

La découverte des mouvements galactiques

Lira a été introduite à ces mouvements par l'intermédiaire de son mentor, un ancien activiste des droits civiques qui avait voyagé à travers plusieurs systèmes stellaires. Ce mentor lui a montré des documents holographiques et des enregistrements de manifestations sur d'autres planètes, où des entités de pensée quantique étaient également persécutées. En particulier, Lira a été frappée par le mouvement sur la planète Zorath, où les penseurs quantiques avaient été emprisonnés en raison de leur capacité à influencer la réalité par leurs pensées. Ces images de résistance et de courage ont profondément marqué Lira, lui révélant qu'elle n'était pas seule dans sa lutte.

Les défis des mouvements extraterrestres

Cependant, les mouvements pour les droits civils extraterrestres faisaient face à des défis uniques. Par exemple, sur la planète Vexalon, les autorités avaient réussi à diviser les penseurs quantiques en factions rivales, rendant difficile l'unification des efforts. Cette stratégie de division, connue sous le nom de *stratégie du "diviser pour mieux régner"*, a été un obstacle majeur à la solidarité intergalactique. Lira a compris que pour surmonter ces défis, il serait essentiel de créer des alliances solides et de partager des ressources et des informations.

Réseautage intergalactique

Lira a commencé à établir des contacts avec des leaders d'autres mouvements, utilisant la technologie de communication quantique pour organiser des réunions virtuelles. Ces échanges ont révélé des similitudes frappantes dans les luttes des différentes espèces. Par exemple, les Vexaloniens et les Yoraxians partageaient des expériences de répression gouvernementale et d'oppression sociale. Ces discussions ont permis à Lira de comprendre que les luttes pour les droits civiques étaient intrinsèquement liées, indépendamment des différences culturelles.

La formation de la Coalition Intergalactique pour les Droits Quantique

En s'inspirant de ces échanges, Lira a proposé la création d'une coalition intergalactique, unissant les mouvements pour les droits quantiques à travers l'univers. La Coalition Intergalactique pour les Droits Quantique a été fondée lors d'une conférence historique sur la planète Trelax, où des représentants de plusieurs systèmes stellaires se sont réunis pour discuter des stratégies communes. Cette coalition a établi un cadre pour le partage des ressources, la coordination des manifestations et la mise en place de campagnes de sensibilisation.

Exemples de collaboration

Un exemple marquant de cette collaboration a été la campagne *Unis pour la Liberté*, qui a vu des manifestations synchronisées sur plusieurs planètes, y compris Yorax3, Zorath et Vexalon. Les manifestants ont utilisé des techniques de pensée quantique pour créer des hologrammes spectaculaires qui représentaient des scènes de solidarité et de résistance. Cette démonstration de force a attiré l'attention des médias intergalactiques et a permis de sensibiliser davantage le public à la cause des penseurs quantiques.

Les résultats des premiers contacts

Ces premiers contacts avec les mouvements extraterrestres pour les droits civils ont eu un impact significatif sur Lira. Non seulement ils lui ont fourni des stratégies et des idées nouvelles, mais ils ont également élargi sa perspective sur la lutte pour les droits civiques. Elle a réalisé que chaque victoire, aussi petite soit-elle, était un pas vers un changement plus vaste. Ces interactions ont également renforcé sa détermination à défendre les droits des penseurs quantiques sur Yorax3, sachant qu'elle faisait partie d'un mouvement galactique plus large.

Conclusion

Ainsi, les premiers contacts de Lira avec les mouvements extraterrestres pour les droits civils ont été déterminants dans son parcours. Ils lui ont permis de tisser des liens, d'apprendre des expériences des autres et d'élargir sa vision pour un avenir où les penseurs quantiques pourraient vivre librement, sans crainte de répression. Ces interactions ont non seulement enrichi sa compréhension des luttes intergalactiques, mais ont également jeté les bases pour son rôle futur en tant que leader dans la lutte pour les droits quantiques.

Décision de défendre les penseurs quantiques

Dans un univers où la pensée quantique est à la fois une bénédiction et une malédiction, Lira Vek se trouve à un carrefour décisif. La décision de défendre les penseurs quantiques ne découle pas seulement d'une passion personnelle, mais d'une compréhension profonde des implications éthiques et sociales de cette forme de pensée. Lira, en tant qu'individu ayant grandi dans un environnement où la pensée quantique était réprimée, ressent une obligation morale de s'engager dans cette lutte.

Contexte théorique

La pensée quantique, qui permet aux individus de manipuler des réalités à un niveau fondamental, est souvent perçue comme menaçante par les gouvernements et les institutions qui cherchent à maintenir un contrôle sur la société. Cette forme de pensée repose sur des principes de superposition et d'intrication, où les idées et les émotions peuvent interagir à des niveaux que la pensée classique ne peut appréhender. Les équations qui régissent ces interactions peuvent être représentées par des systèmes d'équations différentielles non linéaires, comme suit :

$$\frac{d\psi}{dt} = -iH\psi \qquad (11)$$

où ψ représente l'état quantique d'un individu et H est l'opérateur hamiltonien qui décrit l'énergie du système.

Lira comprend que la répression des penseurs quantiques n'est pas seulement une atteinte à la liberté d'expression, mais aussi une menace pour l'évolution de la conscience collective. En défendant ces penseurs, elle embrasse une vision où la diversité des pensées quantiques peut mener à un progrès social et scientifique.

Problèmes rencontrés

La décision de Lira de défendre les penseurs quantiques n'est pas sans défis. Elle se heurte à une société qui valorise la conformité et la sécurité au détriment de l'innovation. Les problèmes suivants se présentent :

- **Stigmatisation sociale :** Les penseurs quantiques sont souvent considérés comme des parias, ce qui complique leur intégration dans la société. Lira doit naviguer dans un paysage où l'ignorance et la peur alimentent la haine.

- **Répression gouvernementale :** Les autorités de Yorax3 utilisent des lois strictes pour interdire la pensée quantique, justifiant leur position par la nécessité de maintenir l'ordre. Lira est consciente qu'en prenant position, elle risque de devenir une cible.

- **Ressources limitées :** Lira doit faire face à un manque de soutien matériel et financier pour ses activités. Les organisations qui défendent les droits quantiques sont souvent sous-financées, ce qui complique la mise en œuvre de campagnes d'information et de sensibilisation.

Exemples inspirants

Pour Lira, la décision de défendre les penseurs quantiques est également inspirée par des exemples historiques de résistance. Elle se souvient des luttes des mouvements pour les droits civiques sur Terre, où des figures emblématiques comme Martin Luther King Jr. et Nelson Mandela ont défié l'oppression avec courage et détermination. Ces leaders ont démontré que le changement est possible, même face à une adversité écrasante.

Lira commence à établir des parallèles entre leur lutte et celle des penseurs quantiques. Par exemple, les actions de la Coalition des Droits Civiques sur Terre, qui ont utilisé des manifestations pacifiques et des discours inspirants pour éveiller les consciences, deviennent un modèle pour Lira. Elle s'inspire de leur stratégie de communication pour créer des plateformes où les penseurs quantiques peuvent partager leurs expériences et leurs idées.

Engagement personnel

Lira prend alors la décision de s'engager pleinement. Elle commence par organiser des réunions clandestines où les penseurs quantiques peuvent se rassembler en toute sécurité. Ces rencontres deviennent des espaces de soutien et d'échange, où chacun peut partager ses idées sans crainte de répression. En utilisant des techniques de pensée créative, elle encourage les participants à envisager des solutions innovantes pour surmonter les obstacles.

Lira rédige également des manifestes et des pamphlets pour sensibiliser le grand public à la question des droits quantiques. Elle utilise des métaphores puissantes pour illustrer l'importance de la pensée quantique, comme celle d'un arbre dont les racines sont profondément ancrées dans la terre, mais dont les branches s'étendent vers le ciel, symbolisant la croissance et l'épanouissement des idées.

Conclusion

La décision de Lira Vek de défendre les penseurs quantiques est un acte de bravoure qui marque le début d'un mouvement qui transcende les frontières de Yorax3. En prenant position, elle ne fait pas que revendiquer des droits ; elle ouvre la voie à un avenir où la pensée quantique est célébrée comme un pilier de la diversité intellectuelle. Cette décision, bien que risquée, est le catalyseur d'un changement profond, unissant les penseurs quantiques dans une lutte commune pour la liberté d'expression et la dignité humaine. Lira sait qu'elle ne peut pas changer le monde seule, mais elle est prête à allumer la flamme de l'espoir dans le cœur de ceux qui l'entourent.

Premiers pas dans l'activisme et son impact sur Yorax3

Lira Vek, dès ses premiers pas dans l'activisme, a su capter l'attention de la population de Yorax3 par sa passion indéfectible pour la défense des droits des penseurs quantiques. Cette section explore comment ses débuts ont non seulement façonné sa trajectoire personnelle, mais ont également eu un impact significatif sur la société de Yorax3.

L'émergence d'une voix contestataire

Lira a commencé son parcours d'activiste dans un contexte où les entités de pensée quantique étaient systématiquement réprimées. L'interdiction en vigueur sur Yorax3, qui stipulait que toute forme de pensée quantique était illégale, a créé un climat de peur et de méfiance. Cependant, Lira, motivée par des expériences personnelles et des injustices observées, a décidé de s'opposer à cette répression.

Elle a organisé des rencontres clandestines avec d'autres jeunes partageant ses idéaux, où ils discutaient des implications de l'interdiction. Ces réunions ont servi de tremplin pour la création d'un mouvement plus large. En utilisant des canaux de communication alternatifs, tels que des forums anonymes et des bulletins d'information distribués secrètement, Lira a commencé à sensibiliser les citoyens de Yorax3 aux droits des penseurs quantiques.

Les premières manifestations

Le point tournant de son activisme a été l'organisation de la première grande manifestation sur Yorax3, intitulée *Liberté de Pensée Quantique*. Des milliers de citoyens, inspirés par le courage de Lira, ont répondu à son appel. Ce rassemblement pacifique a eu lieu sur la Place Centrale de la capitale, un lieu symbolique, et a été marqué par des discours enflammés et des chants de ralliement.

La formule de Lira, qui combinait des éléments de la culture yoraxienne avec des revendications modernes, a profondément résonné auprès des manifestants. Par exemple, elle a utilisé le proverbe local, « *Un esprit libre est un esprit fort* », pour illustrer l'importance de la liberté d'expression. Cette approche a permis de créer un sentiment d'unité parmi les participants, renforçant leur détermination à lutter pour leurs droits.

Réaction des autorités

La réponse des autorités a été rapide et brutale. Le gouvernement de Yorax3, craignant une escalade du mouvement, a ordonné la dispersion de la manifestation. Les forces de l'ordre ont utilisé des méthodes d'intimidation, allant de l'arrestation de manifestants à la diffusion de désinformation dans les médias.

Cependant, l'impact de cette première manifestation a été significatif. Elle a non seulement attiré l'attention des médias locaux, mais a également suscité un intérêt international pour la cause de Lira. Des organisations intergalactiques de défense des droits humains ont commencé à s'intéresser à la situation sur Yorax3, offrant leur soutien et leur expertise.

L'impact sur la société de Yorax3

L'impact de l'activisme de Lira sur la société de Yorax3 a été profond et durable. Les manifestations et les campagnes de sensibilisation ont conduit à une prise de conscience accrue des droits des penseurs quantiques. Les citoyens, auparavant apathiques ou indifférents, ont commencé à questionner les politiques gouvernementales et à revendiquer leurs droits.

Des discussions sur la pensée quantique, autrefois taboues, ont commencé à émerger dans les écoles et les universités. Lira a également collaboré avec des artistes locaux pour créer des œuvres qui exprimaient les luttes des penseurs quantiques, utilisant la musique et l'art visuel comme outils d'activisme. Ces œuvres ont contribué à humaniser la cause, rendant les enjeux plus accessibles et compréhensibles pour le grand public.

Théories sur l'activisme et leur application

Lira a été influencée par plusieurs théories sur l'activisme, notamment la *théorie de la mobilisation des ressources*, qui postule que le succès d'un mouvement dépend de sa capacité à mobiliser des ressources, qu'elles soient humaines, financières ou symboliques. Par ses efforts, Lira a réussi à rassembler non seulement des partisans, mais aussi des experts et des intellectuels, créant ainsi un réseau de soutien solide.

De plus, la *théorie de l'engagement civique* a joué un rôle crucial dans son approche. Lira a compris que pour mobiliser les masses, il était essentiel de créer un sentiment d'appartenance et d'identité collective. En utilisant des symboles culturels et des récits partagés, elle a pu renforcer l'engagement des citoyens envers la cause.

Exemples d'initiatives réussies

Les premières initiatives de Lira ont donné naissance à plusieurs campagnes mémorables. L'une des plus réussies a été la *Semaine de la Pensée Quantique*, une série d'événements éducatifs et culturels qui a eu lieu dans toute la planète. Cette semaine a permis d'organiser des conférences, des ateliers et des performances artistiques, attirant l'attention sur les injustices subies par les penseurs quantiques.

Un autre exemple marquant a été la création d'une pétition interplanétaire, signée par des millions de citoyens, demandant la fin de l'interdiction de la pensée quantique. Cette pétition a été remise en main propre aux autorités de Yorax3 lors d'une manifestation pacifique, marquant un moment historique dans la lutte pour les droits civiques.

Conclusion

Les premiers pas de Lira Vek dans l'activisme ont non seulement marqué le début de sa propre lutte pour la justice, mais ont également eu un impact profond sur la société de Yorax3. En mobilisant les citoyens et en défiant les autorités, Lira a ouvert la voie à un mouvement qui continuerait à croître et à évoluer. Son héritage se manifeste dans la résilience et la détermination des penseurs quantiques, qui, grâce à son courage, ont commencé à revendiquer leurs droits et à rêver d'un avenir où la pensée quantique serait enfin libre.

Le voyage hors de Yorax3

Découverte d'autres planètes et sociétés extraterrestres

Dans cette section, nous allons explorer le voyage de Lira Vek au-delà de Yorax3, où elle découvre une multitude de planètes et de sociétés extraterrestres, chacune avec ses propres cultures, défis et systèmes de pensée. La quête de Lira pour comprendre la diversité des formes de vie et des idéologies dans l'univers est essentielle pour son développement en tant que leader des droits civiques pour les penseurs quantiques.

L'Expansion de l'Horizon de Lira

Au moment où Lira quitte Yorax3, elle est animée par une curiosité insatiable. Son éducation et ses expériences d'activisme l'ont préparée à explorer des mondes inconnus. En utilisant des vaisseaux spatiaux avancés, elle se lance dans un voyage intergalactique, découvrant des planètes comme *Zyphor*, où les habitants communiquent par des vibrations sonores complexes, et *Tralax*, une planète où la pensée quantique est non seulement acceptée, mais célébrée.

Les Défis de l'Exploration

Cependant, la découverte de nouvelles sociétés n'est pas sans défis. Lira fait face à des obstacles tels que :

- **Barrières Culturelles :** Les différences linguistiques et culturelles rendent la communication difficile. Par exemple, sur Zyphor, Lira doit apprendre à interpréter les vibrations sonores, ce qui nécessite une adaptation rapide.

- **Préjugés :** Dans certaines sociétés, la pensée quantique est perçue comme une menace. Les habitants de *Tralax* sont d'abord méfiants envers Lira, craignant que ses idées ne perturbent leur harmonie sociale.

- **Technologie Inégale :** Les technologies varient considérablement d'une planète à l'autre. Sur *Gryth*, par exemple, Lira découvre une société technologiquement avancée mais socialement oppressive, où les penseurs quantiques sont systématiquement réprimés.

L'Importance des Alliances

Pour surmonter ces défis, Lira comprend l'importance de former des alliances. Elle s'associe avec des leaders locaux qui partagent sa vision des droits civiques. Par exemple, sur *Tralax*, elle rencontre *Korin*, un défenseur des droits qui lutte pour l'égalité des penseurs quantiques. Ensemble, ils organisent des forums intergalactiques pour sensibiliser et éduquer les sociétés sur les droits des penseurs quantiques.

Exemples de Sociétés Découvertes

1. **Zyphor :** Une planète où les habitants utilisent des vibrations sonores pour communiquer. Lira apprend à traduire ces vibrations en concepts compréhensibles, ce qui lui permet de tisser des liens avec les Zyphoriens. Leur culture valorise l'harmonie et la coopération, mais ils sont également confrontés à des défis liés à l'acceptation des penseurs quantiques.

2. **Tralax :** Une société où la pensée quantique est intégrée dans la vie quotidienne, mais où les penseurs quantiques font face à la discrimination. Lira utilise son expérience pour aider à créer des programmes d'éducation qui

promeuvent la compréhension et l'acceptation des penseurs quantiques, transformant les perceptions au sein de cette société.

3. **Gryth** : Une planète technologiquement avancée mais socialement répressive. Les penseurs quantiques y sont emprisonnés, et Lira travaille avec des alliés pour exposer les abus et promouvoir des réformes. Son engagement sur Gryth est un tournant, car elle utilise des techniques de communication quantique pour mobiliser les citoyens en faveur des droits civiques.

Conclusion de la Découverte

À travers ces explorations, Lira Vek ne se contente pas d'apprendre sur les sociétés extraterrestres, mais elle commence également à comprendre les nuances de la lutte pour les droits civiques dans un contexte intergalactique. Chaque planète visitée enrichit sa perspective et lui fournit des outils pour lutter contre l'oppression sur Yorax3. Son expérience sur ces mondes divers lui permet de forger une vision plus large et inclusive pour la Coalition Intergalactique pour les Droits Quantiques, qu'elle est sur le point de créer.

Ainsi, la découverte d'autres planètes et sociétés extraterrestres n'est pas seulement un voyage physique pour Lira, mais aussi un voyage intellectuel et spirituel qui façonne son activisme et son engagement pour les droits des penseurs quantiques dans l'univers.

Difficultés rencontrées en quittant Yorax3

Le départ de Yorax3 représentait un tournant décisif dans la vie de Lira Vek, mais ce voyage n'était pas sans obstacles. Les défis auxquels elle fut confrontée lors de son exode étaient nombreux et variés, allant des contraintes physiques aux luttes psychologiques, en passant par des conflits éthiques et moraux.

Contexte géopolitique

Yorax3, bien que riche en diversité culturelle et en potentiel intellectuel, était sous un régime oppressif qui surveillait de près les mouvements de ses citoyens. La sortie de Lira du monde qu'elle connaissait était entravée par des lois strictes imposées par le gouvernement, qui considérait l'exploration intergalactique comme une menace pour la stabilité de la planète. Les autorités avaient mis en place des contrôles aux frontières rigoureux, rendant toute tentative de fuite risquée. Lira devait naviguer à travers un réseau de bureaucratie et de surveillance, ce qui compliquait considérablement son plan de départ.

Ressources limitées

Les ressources financières et matérielles étaient également un enjeu majeur. Lira, en tant qu'activiste, avait consacré la majeure partie de ses économies à soutenir les mouvements pour les droits civiques sur Yorax3. Elle se retrouva donc avec des moyens limités pour financer son départ. Les vaisseaux spatiaux, coûteux et souvent contrôlés par le gouvernement, étaient hors de portée. Lira devait compter sur des alliés pour l'aider à obtenir un moyen de transport, ce qui introduisait un élément de dépendance et de vulnérabilité dans sa quête.

Risque de capture

Un autre défi majeur était le risque de capture. Les autorités de Yorax3 étaient à l'affût de tout dissident, et Lira, en tant que figure de proue du mouvement pour les droits quantiques, était particulièrement ciblée. Les rumeurs de son départ avaient déjà commencé à circuler, et elle devait agir avec une prudence extrême. La peur d'être arrêtée avant même de quitter la planète pesait lourdement sur ses épaules. Cette anxiété constante affectait son bien-être mental, provoquant des doutes et des hésitations quant à son choix de fuir.

Conflits internes

Au-delà des défis externes, Lira devait également faire face à des conflits internes. La décision de quitter Yorax3 signifiait abandonner sa famille, ses amis, et la communauté qui l'avait soutenue. Ce dilemme émotionnel était dévastateur. Elle se demandait si son départ serait perçu comme un acte de trahison ou comme un sacrifice nécessaire pour une cause plus grande. Lira devait peser le poids de ses responsabilités personnelles contre son désir ardent de lutter pour les droits des penseurs quantiques.

Défaillances technologiques

De plus, les technologies de transport intergalactique sur Yorax3 n'étaient pas toujours fiables. Lira avait entendu des histoires d'autres activistes qui avaient tenté de fuir, seulement pour voir leur vaisseau tomber en panne ou être intercepté en cours de route. Ces récits alimentaient ses craintes et amplifiaient son anxiété. La technologie, bien que fascinante, était souvent sujette à des défaillances, et Lira devait s'assurer qu'elle avait accès à un vaisseau en parfait état de fonctionnement.

Établissement de contacts

Établir des contacts avec d'autres civilisations extraterrestres était également un défi. Bien qu'elle ait eu des interactions avec des penseurs quantiques d'autres planètes, la plupart de ces échanges avaient eu lieu dans un cadre théorique. Lira devait maintenant établir des relations pratiques et concrètes avec des alliés potentiels qui pourraient l'aider à quitter Yorax3. Cela nécessitait du temps, de la patience et une stratégie bien pensée pour naviguer dans le paysage complexe des relations intergalactiques.

Conclusion

En somme, quitter Yorax3 était une entreprise périlleuse pour Lira Vek. Elle devait faire face à une multitude de défis, allant des contraintes géopolitiques et des ressources limitées aux conflits internes et aux défaillances technologiques. Chaque obstacle sur son chemin ajoutait une couche de complexité à son voyage, mais chaque difficulté renforçait également sa détermination à défendre les droits des penseurs quantiques dans l'univers. C'était ce mélange de peur, d'espoir et de résilience qui allait définir le début de son voyage intergalactique.

Premier contact de Lira avec des formes de vie extraterrestres

Lorsque Lira Vek quitta Yorax3 pour la première fois, elle ne savait pas qu'elle s'apprêtait à vivre une expérience qui allait changer sa perception de l'univers et renforcer son engagement envers les droits civiques des penseurs quantiques. Ce moment charnière se produisit sur la planète Zylthar, un monde vibrant de couleurs et de cultures, où la pensée quantique était non seulement acceptée, mais célébrée.

Le contexte de Zylthar

Zylthar était une planète d'une grande diversité biologique et culturelle. Les habitants, connus sous le nom de Zylthariens, avaient développé une société où la pensée quantique était intégrée dans leur mode de vie. Ils utilisaient des techniques de communication avancées, permettant des échanges d'idées et d'émotions à travers des ondes quantiques. Cette capacité unique de connexion mentale fascinait Lira, qui était impatiente d'apprendre d'eux.

La rencontre initiale

Le premier contact de Lira avec les Zylthariens eut lieu dans une grande assemblée, où des penseurs quantiques de différentes espèces se réunissaient pour discuter des droits civiques. À son arrivée, Lira fut accueillie par une ambiance chaleureuse et ouverte. Les Zylthariens, reconnaissables à leur peau irisée et à leurs yeux luminescents, l'invitèrent à participer à une discussion sur la liberté d'expression et les droits des penseurs quantiques.

Lira se sentit immédiatement à l'aise, malgré les différences culturelles. Elle se rendit compte que, bien que les Zylthariens aient une forme de vie totalement différente, leurs luttes pour la reconnaissance et la liberté résonnaient profondément avec ses propres expériences sur Yorax3.

Les défis de la communication

Cependant, la communication ne fut pas sans défis. Les Zylthariens utilisaient un langage basé sur des impulsions quantiques, ce qui rendait la compréhension directe difficile. Lira dut s'appuyer sur des traducteurs quantiques, des dispositifs qui traduisaient les pensées en temps réel. Ce processus, bien que fascinant, soulevait des questions éthiques sur la nature de la communication et de l'identité.

$$C_{ij} = \sum_{k=1}^{n} A_{ik} B_{kj} \qquad (12)$$

où C_{ij} représente la communication entre Lira et un Zyltharien, A et B sont les matrices représentant les pensées de chaque partie. Cette équation illustre comment les pensées sont traduites et combinées pour créer un échange significatif. Cependant, les nuances de chaque culture peuvent parfois se perdre dans la traduction.

L'impact de la rencontre

Cette rencontre avec les Zylthariens marqua un tournant dans la vie de Lira. Elle comprit que la lutte pour les droits quantiques n'était pas seulement un problème local, mais un enjeu galactique. Les Zylthariens lui montrèrent que la solidarité entre espèces était essentielle pour surmonter l'oppression. Leur exemple lui donna l'inspiration nécessaire pour renforcer son propre engagement envers la cause des penseurs quantiques sur Yorax3.

Leçons apprises

Lira retourna sur Yorax3 avec une nouvelle perspective. Elle avait appris que la diversité des formes de vie et des cultures enrichissait la lutte pour les droits civiques. Elle réalisa que chaque espèce avait ses propres défis, mais aussi ses propres solutions. Cette compréhension l'aida à formuler des stratégies pour unir les penseurs quantiques de différentes planètes, créant ainsi un réseau intergalactique de soutien.

Conclusion

Le premier contact de Lira avec des formes de vie extraterrestres ne fut pas seulement une rencontre interculturelle, mais un catalyseur pour son activisme. Elle en ressortit avec des idées nouvelles, des alliés potentiels et une vision élargie de la lutte pour les droits civiques. Cette expérience renforça sa conviction que la pensée quantique devait être protégée et célébrée, non seulement sur Yorax3, mais dans tout l'univers.

Ainsi, ce moment crucial dans la vie de Lira Vek illustre comment l'interaction avec d'autres formes de vie peut enrichir notre compréhension des droits et des libertés. En transcendant les barrières culturelles et linguistiques, Lira s'engagea à défendre les droits des penseurs quantiques avec une passion renouvelée et une détermination inébranlable.

Comprendre la situation des penseurs quantiques dans l'univers

La situation des penseurs quantiques dans l'univers est un sujet complexe, marqué par des défis variés allant des restrictions politiques à la discrimination sociale. Pour comprendre cette situation, il est essentiel d'examiner les fondements théoriques de la pensée quantique, les problèmes rencontrés par ces penseurs, ainsi que des exemples concrets d'autres sociétés extraterrestres.

Fondements théoriques de la pensée quantique

La pensée quantique repose sur l'idée que les entités, qu'elles soient humaines ou extraterrestres, peuvent accéder à des niveaux de conscience et de réalité qui transcendent les limites de la perception classique. Selon la mécanique quantique, des phénomènes tels que la superposition et l'intrication permettent une compréhension plus profonde de l'univers. Par exemple, la superposition d'un état quantique $|\psi\rangle$ peut être décrite par la relation :

$$|\psi\rangle = a|0\rangle + b|1\rangle \qquad (13)$$

où a et b sont des coefficients complexes représentant la probabilité des états $|0\rangle$ et $|1\rangle$. Cette capacité d'être dans plusieurs états simultanément est souvent comparée à la diversité d'opinions et de pensées parmi les penseurs quantiques, qui peuvent percevoir et analyser des situations sous plusieurs angles.

Problèmes rencontrés par les penseurs quantiques

Les penseurs quantiques font face à plusieurs problèmes dans l'univers, notamment :

- **Répression politique :** De nombreux gouvernements extraterrestres imposent des lois strictes interdisant la pensée quantique, considérée comme une menace pour l'ordre établi. Par exemple, sur la planète Zorath, une loi interdisant toute forme d'expression quantique a conduit à l'arrestation de milliers de penseurs.

- **Discrimination sociale :** Les penseurs quantiques sont souvent stigmatisés et considérés comme des parias dans leurs sociétés. Cela peut se manifester par des violences physiques, des discriminations économiques et des exclusions sociales.

- **Isolement :** En raison de leur capacité unique à percevoir la réalité, ces penseurs peuvent se sentir isolés, incapables de partager leurs idées avec ceux qui ne comprennent pas ou ne croient pas en la pensée quantique.

- **Exploitation :** Dans certaines sociétés, les capacités des penseurs quantiques sont exploitées à des fins économiques ou militaires, les transformant en outils au lieu de les reconnaître comme des individus ayant des droits.

Exemples de sociétés extraterrestres

Pour illustrer la situation des penseurs quantiques, examinons deux exemples de sociétés extraterrestres :

1. La planète Xyloth Sur Xyloth, les penseurs quantiques sont respectés et intégrés dans la société. Leur capacité à percevoir des dimensions supplémentaires leur permet de contribuer de manière significative aux avancées technologiques. Par exemple, ils ont aidé à développer des technologies de communication intergalactique en utilisant des principes de superposition quantique. Cependant, même sur Xyloth, il existe des groupes conservateurs qui s'opposent à l'influence croissante des penseurs quantiques, craignant que cela ne perturbe l'équilibre traditionnel de la société.

2. La planète Korthax   À l'opposé, Korthax est un exemple de répression sévère. Les penseurs quantiques y sont persécutés, et un régime autoritaire a mis en place des camps de rééducation pour ceux qui osent exprimer des idées quantiques. Les histoires de résistance, telles que celle de la militante Zara Qel, montrent comment la lutte pour les droits quantiques peut inspirer d'autres à se lever contre l'oppression. Zara a été capturée après avoir organisé une manifestation pacifique, mais son héritage perdure à travers les mouvements clandestins qui continuent de se battre pour la liberté de pensée.

Conclusion

Comprendre la situation des penseurs quantiques dans l'univers nécessite une reconnaissance des défis uniques auxquels ils sont confrontés, ainsi que des valeurs qu'ils défendent. Leur lutte pour l'acceptation et la reconnaissance est un reflet des luttes pour les droits civils à travers l'histoire de nombreuses sociétés. En fin de compte, la quête des penseurs quantiques pour la liberté d'expression et la dignité humaine est un combat universel, transcendant les frontières culturelles et planétaires. La solidarité entre les différentes espèces et mouvements est essentielle pour faire avancer cette cause, rendant chaque voix quantique essentielle dans le grand concert de l'univers.

Transition de Lira, de simple activiste à leader

La transition de Lira Vek, d'une simple activiste à une figure de proue du mouvement pour les droits civiques des penseurs quantiques, est une transformation fascinante qui illustre les dynamiques complexes de l'activisme intergalactique. Ce changement ne s'est pas produit du jour au lendemain, mais a été le résultat d'une série d'événements, d'interactions et de réflexions profondes sur la nature de la lutte pour la justice.

Les Fondements de l'Activisme

Au départ, Lira était motivée par un profond sens de l'injustice envers les penseurs quantiques sur Yorax3. Son engagement initial était celui d'un individu touché par la souffrance des autres, cherchant à sensibiliser son entourage à la réalité des discriminations subies par cette communauté. En tant que jeune activiste, elle a commencé par organiser des réunions locales et des discussions sur les droits des penseurs quantiques, utilisant les médias sociaux pour partager des histoires et des témoignages de victimes de l'oppression.

Cependant, les défis auxquels elle faisait face étaient nombreux. La répression gouvernementale, qui se manifestait par des arrestations arbitraires et des campagnes de désinformation, compliquait la tâche de ceux qui souhaitaient s'exprimer. Lira a rapidement compris que pour faire entendre sa voix, elle devait non seulement sensibiliser, mais aussi structurer son mouvement de manière plus efficace.

L'Appel à l'Action

Un tournant crucial dans la carrière de Lira a été son implication dans un événement majeur : une grande manifestation pacifique qui a rassemblé des milliers de penseurs quantiques et de sympathisants. C'est lors de cet événement qu'elle a prononcé un discours poignant qui a résonné dans le cœur de nombreux participants. Utilisant des métaphores puissantes et un langage inclusif, elle a su captiver son audience, transformant une simple réunion en un mouvement collectif.

$$\text{Mobilisation} = \text{Inspiration} \times \text{Organisation} \tag{14}$$

Cette équation illustre le principe fondamental que Lira a appliqué : pour qu'un mouvement soit efficace, il doit s'appuyer sur l'inspiration des individus tout en étant organisé de manière stratégique. Cette prise de conscience a été essentielle dans sa transition vers le leadership.

Formation de la Coalition Intergalactique pour les Droits Quantique

Suite à cette manifestation, Lira a commencé à établir des contacts avec d'autres groupes de défense des droits civiques à travers la galaxie. Elle a compris que les luttes pour les droits des penseurs quantiques n'étaient pas isolées à Yorax3, mais faisaient partie d'une problématique intergalactique plus vaste. Cette vision élargie a conduit à la création de la Coalition Intergalactique pour les Droits Quantique, une organisation qui a permis de rassembler des ressources, des idées et des stratégies de lutte.

Lira a su tirer parti de sa capacité à rassembler des gens autour d'une cause commune. Elle a mis en place des ateliers, des séminaires et des campagnes de sensibilisation, tout en développant une plateforme en ligne pour faciliter la communication et l'organisation entre les différentes factions du mouvement. Son charisme naturel et sa capacité à articuler des idées complexes de manière accessible ont fait d'elle une leader respectée.

Les Défis du Leadership

Cependant, le chemin vers le leadership n'a pas été sans obstacles. Lira a dû faire face à des critiques internes, des désaccords sur la direction du mouvement, et des tentatives de sabotage de la part des autorités. Les tensions entre les différents groupes au sein de la Coalition ont mis à l'épreuve sa capacité à maintenir l'unité.

Pour surmonter ces défis, Lira a adopté une approche collaborative, cherchant à établir un consensus parmi les membres de la Coalition. Elle a encouragé le dialogue ouvert et a mis en place des mécanismes de résolution de conflits. Cette approche a non seulement renforcé la cohésion du mouvement, mais a également solidifié sa position en tant que leader.

Exemples de Leadership Inspirant

Lira a également été inspirée par d'autres leaders intergalactiques, tels que le célèbre activiste des droits civiques de la planète Zorax, qui avait réussi à unir des factions opposées pour une cause commune. En étudiant leurs stratégies, Lira a compris l'importance de la narration dans le leadership. Elle a commencé à partager des histoires de réussite de penseurs quantiques, soulignant les contributions positives de ces individus à la société.

$$\text{Leadership} = \text{Vision} + \text{Action} + \text{Empathie} \qquad (15)$$

Cette formule résume la philosophie de Lira sur le leadership. Elle a cultivé une vision claire pour l'avenir des droits quantiques, a pris des mesures concrètes pour atteindre cet objectif, et a toujours fait preuve d'empathie envers ceux qu'elle représentait.

Conclusion de la Transition

Finalement, la transition de Lira Vek d'une simple activiste à une leader influente est le résultat d'une combinaison de passion, de détermination et de vision stratégique. En surmontant les obstacles et en unissant les voix des penseurs quantiques, elle a non seulement transformé sa propre vie, mais a également inspiré des millions d'autres à travers la galaxie à se lever pour leurs droits. Sa capacité à naviguer dans les complexités de l'activisme intergalactique a fait d'elle une figure emblématique, dont l'impact se fera sentir pour les générations à venir.

Création de la Coalition Intergalactique pour les Droits Quantique

La création de la Coalition Intergalactique pour les Droits Quantique (CIDQ) représente un tournant décisif dans la lutte pour les droits des penseurs quantiques à travers l'univers. Alors que Lira Vek poursuivait son chemin d'activisme, elle comprit rapidement que les défis auxquels elle faisait face sur Yorax3 n'étaient pas uniques. Au contraire, ils reflétaient une oppression systémique qui touchait de nombreuses sociétés extraterrestres.

Contexte et Motivation

En quittant Yorax3, Lira s'était engagée à explorer d'autres planètes et à comprendre les luttes des penseurs quantiques dans des contextes variés. Sur chaque planète visitée, elle découvrit des histoires de discrimination et d'oppression similaires à celles vécues sur sa propre planète. Cette prise de conscience l'amena à réaliser que la création d'une coalition intergalactique était non seulement nécessaire, mais également urgente.

La nécessité d'une telle coalition peut être comprise à travers plusieurs théories sociopolitiques, notamment la théorie de la solidarité intergalactique, qui postule que les mouvements sociaux doivent transcender les frontières culturelles et planétaires pour être efficaces. En outre, la théorie de l'intersectionnalité, qui examine comment différentes formes d'oppression se croisent, fournit un cadre utile pour comprendre les défis uniques auxquels les penseurs quantiques faisaient face dans divers contextes.

Les Débuts de la Coalition

Lira commença par établir des contacts avec des leaders d'autres mouvements pour les droits civils, en utilisant des technologies de communication quantique pour surmonter les distances interstellaires. Au cours de ces réunions, elle partagea ses idées sur l'importance de l'unité et de la collaboration. Elle proposa un modèle de coalition basé sur le partage des ressources, l'échange de connaissances et le soutien mutuel.

La première réunion officielle de la CIDQ eut lieu sur la planète Zenthara, un lieu neutre réputé pour son engagement envers les droits civiques. Des représentants de plusieurs civilisations, y compris des penseurs quantiques, des politiciens, et des activistes, se réunirent pour discuter des objectifs de la coalition. Lira, en tant que figure charismatique et inspirante, fut élue présidente de la coalition.

Objectifs et Structure de la Coalition

Les objectifs de la CIDQ étaient clairs et ambitieux :

- **Plaidoyer pour les droits quantiques** : Travailler à l'abrogation des lois interdisant la pensée quantique sur différentes planètes.

- **Éducation et Sensibilisation** : Promouvoir la compréhension de la pensée quantique et son importance pour l'évolution sociale et technologique.

- **Soutien Juridique** : Offrir une assistance légale aux penseurs quantiques persécutés.

- **Création de Réseaux** : Établir des connexions entre différentes civilisations pour partager les meilleures pratiques et les stratégies d'activisme.

La structure de la coalition était décentralisée, permettant à chaque planète membre de conserver une certaine autonomie tout en contribuant aux efforts collectifs. Des comités furent formés pour traiter des questions spécifiques, tels que le plaidoyer, l'éducation et la recherche.

Défis Rencontrés

Malgré l'enthousiasme initial, la CIDQ fit face à de nombreux défis. La diversité des cultures et des systèmes politiques parmi les membres entraîna des désaccords sur les stratégies à adopter. Par exemple, certaines civilisations privilégiaient des approches pacifiques tandis que d'autres prônaient des actions plus radicales. Ces différences furent source de tensions, mais Lira, avec son charisme et son sens diplomatique, réussit à naviguer ces eaux tumultueuses.

Un autre défi majeur fut la répression systématique des gouvernements hostiles. De nombreux membres de la coalition furent arrêtés ou persécutés, ce qui mena à une campagne de solidarité internationale. Lira utilisa les médias intergalactiques pour sensibiliser le public à ces injustices, attirant l'attention sur la nécessité d'une action collective.

Exemples de Réussite

Malgré ces défis, la CIDQ réussit à obtenir des victoires significatives. Sur la planète Thalax, par exemple, la coalition organisa une série de manifestations pacifiques qui attirèrent l'attention des médias. Ces événements, couplés à des campagnes de plaidoyer, conduisirent à l'abrogation d'une loi restrictive sur la pensée quantique.

De plus, la CIDQ réussit à établir des partenariats avec des organisations intergalactiques, telles que la Fédération des Planètes Unies, qui apportèrent un soutien logistique et financier à leurs efforts. Ces alliances renforcèrent la position de la coalition et montrèrent que la lutte pour les droits quantiques était une cause universelle.

Conclusion

La création de la Coalition Intergalactique pour les Droits Quantique marqua un tournant dans la lutte pour les droits civiques des penseurs quantiques. Grâce à la vision et au leadership de Lira Vek, cette coalition devint un symbole d'espoir pour des millions d'individus à travers l'univers. En unissant leurs forces, les membres de la CIDQ démontrèrent que même dans l'adversité, la solidarité et la collaboration pouvaient conduire à des changements significatifs et durables. La coalition continua de croître, attirant de nouveaux membres et renforçant son engagement envers la justice et l'égalité pour tous les penseurs quantiques.

Défis et triomphes de l'organisation transplanétaire

L'organisation transplanétaire, la Coalition Intergalactique pour les Droits Quantique, fondée par Lira Vek, a dû naviguer à travers un paysage complexe de défis et de triomphes. En tant que pionniers dans la lutte pour les droits des penseurs quantiques, les membres de la coalition ont fait face à des obstacles variés, allant de l'opposition politique à des différences culturelles profondes entre les espèces.

Défis rencontrés

1. **Opposition politique** L'un des principaux défis auxquels la coalition a été confrontée était l'opposition des gouvernements des différentes planètes. Beaucoup de ces gouvernements justifiaient l'interdiction de la pensée quantique par des préoccupations de sécurité nationale, affirmant que les penseurs quantiques pouvaient manipuler la réalité à leur avantage. Par exemple, sur la planète Zorath, le gouvernement a mis en place des lois strictes interdisant toute forme de pensée quantique, arguant que cela pourrait mener à des catastrophes interstellaires. Cette répression a souvent entraîné des arrestations massives de penseurs quantiques, ce qui a incité la coalition à organiser des campagnes de sensibilisation.

2. **Différences culturelles** Les différences culturelles entre les espèces extraterrestres ont également constitué un obstacle majeur. Chaque espèce avait sa propre conception de la pensée quantique, certains la considérant comme un don, tandis que d'autres la voyaient comme une menace. Par exemple, les habitants de la planète Lumeria, qui croyaient fermement en l'harmonie et l'équilibre, étaient sceptiques quant à l'idée que la pensée quantique puisse être utilisée à des fins militants. Cela a nécessité de longues négociations et des efforts pour établir un langage commun et une compréhension mutuelle.

3. **Ressources limitées** La coalition a également dû faire face à des ressources limitées. Les fonds pour soutenir des campagnes intergalactiques étaient rares, et de nombreux membres ont dû compter sur des contributions volontaires. Cela a conduit à des initiatives créatives pour lever des fonds, telles que des concerts interstellaires et des ventes aux enchères d'art quantique, mais cela a également mis une pression énorme sur les membres de la coalition.

Triomphes réalisés

Malgré ces défis, la Coalition Intergalactique pour les Droits Quantique a connu plusieurs triomphes significatifs qui ont renforcé leur position et leur impact.

1. **Mobilisation internationale** L'un des plus grands succès de la coalition a été la mobilisation internationale des penseurs quantiques. Grâce à des campagnes de sensibilisation efficaces, la coalition a réussi à établir des connexions avec des groupes sur différentes planètes. Par exemple, un événement majeur a eu lieu sur la planète Vortan, où des penseurs quantiques de plusieurs systèmes solaires se sont réunis pour partager leurs expériences et renforcer leur solidarité. Cet événement a non seulement accru la visibilité de la coalition, mais a également permis de créer un réseau de soutien mutuel.

2. **Réformes législatives** Un autre triomphe notable a été l'influence de la coalition sur les réformes législatives. Grâce à des efforts de plaidoyer intensifs, la coalition a réussi à faire pression sur plusieurs gouvernements pour qu'ils réexaminent leurs lois sur la pensée quantique. Par exemple, sur la planète Xeloria, la coalition a organisé une série de manifestations pacifiques qui ont conduit à l'abrogation de lois restrictives, permettant ainsi aux penseurs quantiques de s'exprimer librement.

3. Création de programmes éducatifs La coalition a également mis en place des programmes éducatifs pour sensibiliser le public aux droits des penseurs quantiques. Ces programmes ont été essentiels pour changer les perceptions et réduire la stigmatisation. Par exemple, des ateliers et des séminaires ont été organisés dans des écoles intergalactiques, où des penseurs quantiques partageaient leurs histoires et leurs luttes. Cela a non seulement permis de sensibiliser, mais a également encouragé de jeunes penseurs quantiques à s'engager activement dans la lutte pour leurs droits.

4. Alliances stratégiques Enfin, la coalition a réussi à établir des alliances stratégiques avec d'autres mouvements pour les droits civils. Ces alliances ont été cruciales pour créer un front uni contre l'oppression. Par exemple, en collaborant avec le Mouvement des Droits de la Lumière sur la planète Qyron, la coalition a pu organiser des campagnes conjointes qui ont attiré l'attention des médias galactiques, amplifiant ainsi leur message.

Conclusion

En somme, bien que la Coalition Intergalactique pour les Droits Quantique ait été confrontée à d'innombrables défis, ses triomphes ont démontré la résilience et la détermination des penseurs quantiques à revendiquer leurs droits. Ces expériences ont non seulement renforcé la coalition, mais ont également jeté les bases d'une lutte continue pour la justice et l'égalité dans tout l'univers. Lira Vek, en tant que leader visionnaire, a su transformer ces défis en opportunités, inspirant ainsi des générations de militants à travers les galaxies.

Vision de Lira pour l'avenir des droits civils dans le cosmos

Lira Vek, en tant que fervente défenseure des droits civils, a toujours eu une vision audacieuse pour l'avenir des droits des penseurs quantiques non seulement sur Yorax3, mais à travers l'ensemble du cosmos. Sa vision repose sur plusieurs piliers fondamentaux qui visent à établir un cadre de justice, d'équité et de respect pour toutes les formes de vie consciente.

Équité intergalactique

Lira croyait fermement que l'équité intergalactique devait être au cœur de toute initiative visant à garantir les droits civils. Elle a souvent déclaré que "la véritable mesure de la civilisation d'une société est la façon dont elle traite ses membres les

LE VOYAGE HORS DE YORAX3 39

plus vulnérables". Cette idée rappelle le principe de **l'égalité de traitement**, qui stipule que tous les individus, indépendamment de leur origine ou de leur nature, doivent bénéficier des mêmes droits et protections.

$$E = \sum_{i=1}^{n} \frac{1}{P_i} \qquad (16)$$

où E représente l'équité, n est le nombre d'entités dans la société, et P_i est le niveau de protection de chaque entité. Lira a plaidé pour que chaque société extraterrestre adopte des lois qui garantissent un P_i élevé pour les penseurs quantiques, réduisant ainsi les inégalités.

Éducation et sensibilisation

L'éducation a été un autre axe central de la vision de Lira. Elle a compris que pour changer les mentalités et les perceptions, il était essentiel d'éduquer les jeunes générations sur la pensée quantique et ses implications. Lira a initié des programmes éducatifs intergalactiques qui visaient à sensibiliser les citoyens aux droits des penseurs quantiques.

$$S = \int_{t_0}^{t_f} \frac{dE}{dt} \qquad (17)$$

où S représente le niveau de sensibilisation, et E est l'éducation reçue au fil du temps. Lira a utilisé des plateformes d'art et de culture pour transmettre des messages puissants sur l'importance des droits civils, prouvant que l'éducation peut être un vecteur de changement.

Coalitions intergalactiques

Pour Lira, la création de coalitions intergalactiques était essentielle pour unir les différentes espèces et sociétés dans la lutte pour les droits civils. Elle a souvent cité l'exemple de la **Coalition des Droits Universels**, qui a rassemblé des représentants de plusieurs planètes pour discuter des défis communs et des stratégies de défense.

$$C = \frac{N_a + N_b}{N_t} \qquad (18)$$

où C représente la force de la coalition, N_a et N_b sont le nombre d'alliés et d'adversaires respectivement, et N_t est le total des entités impliquées. Lira a démontré que plus une coalition est forte, plus elle est capable de résister à la répression.

Justice environnementale et sociale

Lira a également intégré la justice environnementale dans sa vision des droits civils. Elle a souligné que les droits des penseurs quantiques ne peuvent être dissociés de la santé de leurs environnements. Elle a plaidé pour une approche holistique qui considère les droits civils comme une composante essentielle de la durabilité écologique.

$$J = \frac{R_e + R_s}{2} \tag{19}$$

où J représente la justice, R_e est le respect des droits environnementaux, et R_s est le respect des droits sociaux. Lira a encouragé les mouvements à adopter des politiques qui garantissent que les droits civils et environnementaux soient respectés de manière égale.

Technologie et droits civils

Enfin, Lira a reconnu le rôle crucial de la technologie dans la défense des droits civils. Elle a prôné l'utilisation de technologies avancées pour surveiller et dénoncer les violations des droits, tout en veillant à ce que ces technologies soient utilisées de manière éthique.

$$T = \frac{C_t}{D_t} \tag{20}$$

où T représente l'efficacité technologique, C_t est le nombre de technologies éthiques utilisées, et D_t est le nombre de technologies abusées. Lira a encouragé le développement de systèmes de surveillance transparents pour protéger les droits des penseurs quantiques.

Conclusion

La vision de Lira Vek pour l'avenir des droits civils dans le cosmos est un appel à l'unité, à la justice et à l'éducation. Elle a compris que la lutte pour les droits des penseurs quantiques est intrinsèquement liée à la lutte pour l'équité, la durabilité et le respect de toutes les formes de vie. À travers ses efforts, Lira a laissé un héritage durable qui continue d'inspirer les générations futures dans leur quête pour un univers plus juste et inclusif.

Alliés et adversaires dans le mouvement galactique des droits civils

Dans le vaste cosmos, le mouvement pour les droits civils des penseurs quantiques a suscité une multitude d'alliés et d'adversaires, chacun jouant un rôle crucial dans la dynamique de la lutte pour l'égalité et la justice. Ce chapitre explore les différentes factions qui se sont formées, les alliances stratégiques qui ont été établies, ainsi que les obstacles rencontrés par les militants dans leur quête pour l'émancipation.

Les Alliés du Mouvement

Les alliés de Lira Vek et de la Coalition Intergalactique pour les Droits Quantique proviennent de diverses espèces et cultures à travers l'univers. Parmi eux, les *Zyphoriens*, connus pour leur sagesse ancestrale et leur capacité à manipuler les dimensions temporelles, ont été des soutiens inestimables. Leur philosophie de l'inclusion et de l'harmonie a inspiré de nombreuses initiatives intergalactiques visant à promouvoir les droits des penseurs quantiques.

Les *Xelthariens*, une espèce hautement technologique, ont fourni des ressources et des outils pour organiser des campagnes de sensibilisation. Leur expertise en communication interstellaire a permis de diffuser le message de Lira à travers les galaxies, créant ainsi un réseau de solidarité. Grâce à leur technologie avancée, ils ont pu établir des plateformes de communication sécurisées pour les militants, permettant des échanges d'idées et des stratégies de résistance.

Les Adversaires du Mouvement

Cependant, le chemin vers la justice n'a pas été sans obstacles. Les gouvernements oppressifs, tels que celui de *Gralax Prime*, ont été parmi les adversaires les plus féroces du mouvement. Justifiant leur répression par des arguments de sécurité et de contrôle social, ils ont imposé des lois strictes interdisant la pensée quantique. Lira et ses alliés ont dû naviguer dans un environnement hostile, où la dissidence était souvent punie par l'emprisonnement ou la violence.

Un autre adversaire majeur a été le *Collectif des Anciens*, un groupe influent d'anciens penseurs quantiques qui, bien que respectés pour leur sagesse, ont choisi de soutenir le statu quo. Leur argumentation reposait sur la croyance que la pensée quantique, bien que puissante, devait être contrôlée pour éviter des conséquences catastrophiques. Cette division au sein même de la communauté des penseurs quantiques a créé des tensions qui ont compliqué la lutte de Lira.

La Théorie des Alliances Stratégiques

La formation d'alliances dans le mouvement pour les droits civils peut être analysée à travers la *théorie des alliances stratégiques*. Cette théorie suggère que les groupes opprimés doivent établir des coalitions avec d'autres entités partageant des intérêts communs pour renforcer leur position face à l'oppression. Les alliances permettent de mutualiser les ressources, d'échanger des stratégies et de créer un front uni contre les adversaires.

Matériellement, cette théorie peut être exprimée par l'équation suivante :

$$R_{alliance} = \sum_{i=1}^{n} \frac{C_i}{D_i}$$

où $R_{alliance}$ représente le rendement de l'alliance, C_i est la contribution de chaque allié i, et D_i est la distance (ou divergence) des objectifs entre les alliés. Plus $R_{alliance}$ est élevé, plus l'alliance est efficace dans la lutte pour les droits civils.

Exemples de Collaboration Réussie

Un exemple marquant de collaboration réussie est la *Conférence Galactique pour les Droits Quantique*, organisée par Lira et ses alliés. Cet événement a rassemblé des représentants de plusieurs espèces, favorisant des discussions sur les défis communs et les stratégies d'action. La conférence a abouti à la création d'une charte intergalactique des droits quantiques, qui a été signée par des milliers de délégués.

De plus, l'initiative *Voix Unies*, une campagne de sensibilisation lancée par les Zyphoriens et les Xeltahriens, a permis d'éduquer les citoyens de différentes planètes sur les injustices subies par les penseurs quantiques. Cette campagne a utilisé des hologrammes interactifs pour raconter des histoires de résistance, touchant ainsi un large public et suscitant un soutien croissant pour la cause.

Conclusion

Ainsi, le mouvement galactique pour les droits civils des penseurs quantiques est un réseau complexe d'alliés et d'adversaires. Les alliances stratégiques ont été essentielles pour surmonter les défis, et malgré la résistance rencontrée, l'engagement de Lira et de ses alliés a permis de faire avancer la cause des droits quantiques à travers l'univers. Les leçons tirées de ces interactions continueront d'inspirer les luttes pour la justice et l'égalité dans les galaxies à venir.

Impact de Lira sur les mouvements extraterrestres pour les droits civils

Lira Vek a eu un impact considérable sur les mouvements extraterrestres pour les droits civils, tant sur Yorax3 que dans l'ensemble de la galaxie. Son activisme, marqué par une passion indéfectible pour la justice et l'égalité, a inspiré des générations d'extraterrestres à se lever contre l'oppression et à revendiquer leurs droits fondamentaux. Dans cette section, nous examinerons les différentes dimensions de son impact, en mettant en lumière les théories qui sous-tendent son action, les problèmes qu'elle a rencontrés, ainsi que des exemples concrets de son influence.

Théories de l'activisme et de la justice sociale

Lira a intégré plusieurs théories de l'activisme dans son approche, notamment la théorie de la justice distributive et la théorie de l'intersectionnalité. La théorie de la justice distributive, développée par des penseurs comme John Rawls, postule que les ressources et les opportunités doivent être réparties de manière équitable parmi tous les membres d'une société. Lira a appliqué cette théorie à la situation des penseurs quantiques, arguant que leur exclusion de la société de Yorax3 était une violation fondamentale de la justice.

D'autre part, la théorie de l'intersectionnalité, introduite par Kimberlé Crenshaw, a permis à Lira de comprendre que les luttes pour les droits civils ne peuvent être dissociées des autres formes d'oppression. Elle a plaidé pour une approche holistique qui prend en compte les différentes identités et expériences des individus, ce qui a élargi le champ de son activisme pour inclure non seulement les penseurs quantiques, mais aussi d'autres groupes marginalisés.

Problèmes rencontrés par Lira et ses alliés

Malgré son engagement et ses succès, Lira a fait face à de nombreux défis. La répression gouvernementale sur Yorax3 était systématique et violente. Les autorités ont mis en place des lois restrictives qui criminalisaient la pensée quantique, et les activistes qui osaient s'opposer à cette répression étaient souvent arrêtés, emprisonnés, ou même soumis à des traitements inhumains. Lira a elle-même été victime de cette répression, subissant des tortures physiques et psychologiques qui ont renforcé sa détermination à lutter pour la cause.

De plus, les mouvements extraterrestres pour les droits civils ont souvent été fragmentés, avec des groupes luttant pour des causes spécifiques sans coordination. Lira a compris que l'unité était essentielle pour le succès de leur lutte. Elle a donc travaillé sans relâche pour établir des alliances entre différents mouvements, cherchant à créer une coalition intergalactique qui pourrait faire front commun contre l'oppression.

Exemples de l'impact de Lira

L'un des exemples les plus marquants de l'impact de Lira est la création de la Coalition Intergalactique pour les Droits Quantique (CIDQ). Cette organisation, fondée par Lira, a rassemblé des groupes de différentes planètes et espèces, unissant leurs forces pour revendiquer les droits des penseurs quantiques. Grâce à la CIDQ, des campagnes de sensibilisation ont été menées à travers la galaxie, mettant en lumière les injustices subies par les penseurs quantiques et mobilisant le soutien international.

Un autre exemple de son impact est la série de manifestations pacifiques qu'elle a organisées sur Yorax3. Ces événements ont attiré l'attention des médias galactiques et ont suscité une vague de solidarité de la part d'autres mouvements pour les droits civils. Par exemple, des groupes de la planète Zorath ont envoyé des délégations pour soutenir les manifestations de Lira, et des artistes de la planète Nibiru ont créé des œuvres d'art en hommage à son activisme, contribuant à sensibiliser davantage l'opinion publique.

L'héritage de Lira dans les mouvements extraterrestres

L'héritage de Lira Vek se manifeste aujourd'hui dans la manière dont les mouvements pour les droits civils extraterrestres continuent de s'organiser et de revendiquer leurs droits. Son approche inclusive et intersectionnelle a inspiré de nombreux nouveaux leaders dans la lutte pour la justice. Par exemple, la jeune activiste de la planète Thalax, Zara K'Varn, a cité Lira comme une source d'inspiration dans son propre travail de défense des droits des créatures aquatiques, qui souffrent également de discrimination.

De plus, la CIDQ a évolué pour inclure des initiatives de formation et d'éducation sur les droits civils, permettant aux nouvelles générations de militants de comprendre l'importance de la lutte pour l'égalité. Les principes de justice sociale que Lira a défendus continuent d'influencer les stratégies et les tactiques des mouvements extraterrestres, qui s'efforcent d'adopter des méthodes pacifiques et inclusives pour faire entendre leur voix.

Conclusion

En somme, Lira Vek a laissé une empreinte indélébile sur les mouvements extraterrestres pour les droits civils. Son activisme, ancré dans des théories de justice sociale et une compréhension profonde des luttes intersectionnelles, a non seulement éclairé la voie pour ses contemporains, mais a également préparé le terrain pour les générations futures. Grâce à ses efforts, la lutte pour les droits des penseurs quantiques et d'autres groupes marginalisés est devenue un mouvement galactique puissant, unissant des voix diverses dans une quête commune pour la liberté et l'égalité.

Face à l'oppression et défiant l'interdiction de la pensée quantique

Première confrontation de Lira avec les autorités

La première confrontation de Lira Vek avec les autorités de Yorax3 a marqué un tournant décisif dans sa vie et dans sa lutte pour les droits des penseurs quantiques. Cet événement, survenu alors qu'elle n'était qu'une jeune activiste, a mis en lumière les tensions croissantes entre les défenseurs des droits civiques et un gouvernement de plus en plus répressif.

Contexte de la confrontation

À cette époque, l'interdiction de la pensée quantique était en vigueur depuis plusieurs années, justifiée par le gouvernement par des arguments de sécurité nationale. Les autorités prétendaient que les capacités de pensée quantique, qui permettaient aux individus d'influencer la réalité par la pensée, constituaient une menace pour l'ordre public. Les penseurs quantiques étaient souvent stigmatisés et persécutés, considérés comme des parias dans leur propre société.

Lira, ayant grandi dans un environnement où l'injustice était omniprésente, avait commencé à organiser des réunions clandestines pour discuter des droits des penseurs quantiques. Ces réunions, bien que discrètes, attiraient de plus en plus de participants, ce qui alarmait les autorités.

L'événement déclencheur

L'événement qui a déclenché la confrontation a eu lieu lors d'une manifestation pacifique organisée par Lira et ses camarades activistes. L'objectif de la manifestation était de revendiquer la libération de plusieurs penseurs quantiques emprisonnés pour avoir osé exprimer leurs capacités. Les manifestants, brandissant des pancartes avec des slogans tels que *"Liberté pour les penseurs quantiques!"* et *"La pensée est un droit, pas un crime!"*, ont défilé dans les rues animées de la capitale de Yorax3.

Cependant, la manifestation a rapidement tourné au drame lorsque les forces de l'ordre, sous les ordres directs du gouvernement, ont été déployées pour disperser les manifestants. Lira, se tenant fièrement en tête de la marche, a été confrontée à un groupe de policiers armés qui exigeaient la fin immédiate de la manifestation.

La confrontation directe

Face à l'imposante ligne de policiers, Lira a pris une profonde inspiration. Elle savait que ce moment serait crucial non seulement pour elle, mais pour tous ceux qui luttaient pour les droits des penseurs quantiques. Elle s'est avancée, le regard fixe, et a commencé à s'adresser aux forces de l'ordre.

> *"Nous ne sommes pas des criminels! Nous sommes des êtres pensants, et notre droit à la liberté d'expression est inaliénable!"*

Ses mots résonnaient avec passion, mais la réponse des autorités a été brutale. Les policiers, formés à réprimer toute forme de dissidence, ont commencé à utiliser la force pour disperser la foule. Lira, déterminée à ne pas reculer, a été arrêtée et emmenée de force par les autorités, ses cris de résistance se mêlant à ceux des manifestants.

Conséquences immédiates

L'arrestation de Lira a eu un impact immédiat sur le mouvement pour les droits des penseurs quantiques. Alors qu'elle était emmenée dans un véhicule de police, les manifestants, choqués et en colère, ont intensifié leurs chants et leurs slogans. Cette escalade a conduit à des affrontements avec les forces de l'ordre, et plusieurs personnes ont été blessées lors de la répression violente.

Lira a été emprisonnée pendant plusieurs jours, sans accès à un avocat ni à ses proches. Pendant son incarcération, elle a été soumise à des interrogatoires intenses, où les autorités ont tenté de la convaincre de renoncer à son activisme. Cependant, sa détermination ne faiblit pas, et elle a su transformer cette expérience traumatisante en une source de force pour son combat.

Réactions et soutien

L'arrestation de Lira a suscité une vague d'indignation à travers Yorax3 et au-delà. Des organisations de défense des droits de l'homme, ainsi que des sympathisants de la cause quantique, ont commencé à faire pression sur le gouvernement pour sa libération. Les réseaux sociaux, bien que surveillés, ont été utilisés pour organiser des campagnes de soutien, et des manifestations de solidarité ont éclaté dans d'autres villes.

Lira est devenue un symbole de la résistance contre l'oppression, et son nom a commencé à circuler parmi les groupes d'activistes. Sa capacité à galvaniser les gens autour de sa cause a été renforcée par cette confrontation, lui permettant de rassembler un soutien sans précédent pour les droits des penseurs quantiques.

Réflexions de Lira

Après sa libération, Lira a réfléchi à cette première confrontation avec les autorités. Elle a compris que chaque acte de résistance, aussi petit soit-il, contribuait à un mouvement plus vaste. Elle a noté dans son journal :

> "La peur ne doit jamais nous empêcher de lutter pour ce qui est juste. Chaque voix compte, et ensemble, nous pouvons faire trembler les murs de l'oppression."

Cette expérience a été un catalyseur pour Lira, la poussant à affiner ses stratégies d'activisme et à renforcer son engagement envers la cause des droits civiques. Elle a compris que la lutte serait longue et difficile, mais elle était prête à affronter tous les obstacles sur son chemin.

Conclusion

La première confrontation de Lira avec les autorités a été un moment charnière qui a non seulement façonné son parcours personnel, mais a également catalysé un mouvement plus large pour les droits des penseurs quantiques. Cette expérience a révélé la brutalité de l'oppression et la résilience de l'esprit humain, et a marqué le début d'une lutte qui continuerait de façonner l'avenir de Yorax3 et au-delà.

Impact de l'interdiction sur la société de Yorax3

L'interdiction de la pensée quantique sur Yorax3 a eu des répercussions profondes et variées sur la société, affectant non seulement les penseurs quantiques eux-mêmes, mais également les structures sociales, politiques et économiques de la planète. Cette section examinera les conséquences de cette interdiction à travers plusieurs dimensions, y compris la psychologie sociale, l'économie, et les dynamiques politiques.

Conséquences sociales et psychologiques

L'interdiction a engendré une atmosphère de peur et de méfiance parmi les citoyens de Yorax3. Les penseurs quantiques, qui possédaient des capacités uniques de manipulation de l'information et de la réalité, ont été stigmatisés et marginalisés. Cela a conduit à une fracture sociale, où les citoyens étaient divisés entre ceux qui soutenaient l'interdiction, souvent par ignorance ou propagande, et ceux qui voyaient la valeur des penseurs quantiques.

$$\text{Impact social} = f(\text{stigmatisation, marginalisation, peur}) \quad (21)$$

Cette équation illustre comment ces facteurs interagissent pour créer un impact social négatif. La stigmatisation des penseurs quantiques a eu des conséquences psychologiques, provoquant des sentiments d'isolement et de désespoir parmi ceux qui étaient touchés par l'interdiction. En conséquence, de nombreux penseurs quantiques ont souffert de troubles de santé mentale, tels que l'anxiété et la dépression.

Répercussions économiques

L'interdiction a également eu des effets économiques significatifs. Les penseurs quantiques, en raison de leurs capacités, avaient souvent des rôles clés dans l'innovation technologique et la recherche scientifique. Leur exclusion du marché du travail a conduit à une stagnation de l'innovation sur Yorax3.

$$\text{Croissance économique} = \text{Innovation} - \text{Exclusion des penseurs quantiques} \quad (22)$$

L'absence de leurs contributions a été ressentie dans divers secteurs, notamment la technologie, la médecine et l'éducation. Les entreprises qui auraient pu bénéficier de l'expertise des penseurs quantiques ont dû se contenter de solutions moins efficaces, entraînant une baisse de la compétitivité de Yorax3 sur le plan intergalactique.

Dynamique politique et répression

Politiquement, l'interdiction a été utilisée comme un outil de contrôle par le gouvernement de Yorax3. En instaurant des lois strictes contre la pensée quantique, le régime a pu justifier une répression accrue des dissidents et des opposants politiques. Cela a créé un climat d'oppression où la liberté d'expression et de pensée était sévèrement limitée.

$$\text{Contrôle politique} = \text{Répression} + \text{Propagande} \tag{23}$$

Le gouvernement a utilisé des campagnes de désinformation pour présenter les penseurs quantiques comme une menace pour la sécurité nationale, ce qui a renforcé le soutien populaire pour l'interdiction. Les médias, souvent contrôlés par l'État, ont joué un rôle crucial dans la diffusion de cette propagande, influençant l'opinion publique et consolidant le pouvoir du régime.

Résistance et résilience

Malgré l'oppression, un mouvement de résistance a émergé parmi les citoyens de Yorax3. De nombreux groupes clandestins ont commencé à s'organiser pour défendre les droits des penseurs quantiques. Ces mouvements ont utilisé des stratégies variées, allant de la sensibilisation à la mobilisation des masses contre le régime.

$$\text{Résistance} = \text{Mobilisation} \times \text{Solidarité} \tag{24}$$

La mobilisation des citoyens, combinée à un sentiment croissant de solidarité envers les penseurs quantiques, a permis de créer un réseau de soutien qui a défié l'autorité du gouvernement. Ces efforts ont été cruciaux pour maintenir l'espoir et la lutte pour la justice sur Yorax3.

Conclusion

En résumé, l'interdiction de la pensée quantique sur Yorax3 a eu des impacts dévastateurs sur la société, engendrant des divisions sociales, une stagnation économique, et une répression politique. Cependant, la résilience des citoyens et l'émergence de mouvements de résistance ont montré que même dans les moments les plus sombres, la lutte pour la justice et les droits civiques peut perdurer. L'histoire de Lira Vek et des penseurs quantiques est celle d'un combat pour la dignité et la liberté, un combat qui continue à résonner à travers l'univers.

Organisation de protestations et manifestations sur Yorax3

Lira Vek, en tant qu'activiste passionnée pour les droits des penseurs quantiques, a compris que l'organisation de protestations et de manifestations était essentielle pour faire entendre la voix des opprimés sur Yorax3. Dans ce contexte, plusieurs théories de l'activisme social et de la mobilisation collective peuvent être appliquées pour analyser les méthodes et les impacts de ces événements.

Théories de l'activisme

L'une des théories fondamentales qui sous-tend l'organisation de manifestations est la **théorie de la mobilisation des ressources**. Cette théorie stipule que la capacité d'un mouvement à mobiliser des ressources — qu'elles soient humaines, financières ou matérielles — détermine son succès. En appliquant cette théorie, Lira a dû établir des réseaux solides avec d'autres groupes d'activistes et identifier des ressources clés, telles que des lieux pour les rassemblements, des moyens de communication, et des fonds pour les campagnes.

Un autre cadre théorique pertinent est la **théorie des opportunités politiques**, qui suggère que les mouvements sociaux sont plus susceptibles de réussir lorsque des opportunités politiques favorables se présentent. À cette époque, la répression croissante des penseurs quantiques sur Yorax3 a créé un contexte propice à l'émergence de manifestations, car les injustices étaient de plus en plus visibles et documentées.

Problèmes rencontrés

L'organisation de manifestations sur Yorax3 n'a pas été sans défis. L'un des principaux problèmes était la **répression gouvernementale**. Les autorités de Yorax3 avaient mis en place des lois strictes interdisant les rassemblements publics, en justifiant cela par la nécessité de maintenir l'ordre public. Cela a conduit à des arrestations arbitraires et à des violences policières lors des premières manifestations.

De plus, la **manque de soutien public** a constitué un obstacle majeur. Beaucoup de citoyens de Yorax3, influencés par la propagande gouvernementale, voyaient les penseurs quantiques comme une menace. Lira a donc dû travailler non seulement pour organiser des manifestations, mais aussi pour sensibiliser et éduquer le public sur les droits des penseurs quantiques.

Exemples de manifestations

Malgré ces défis, Lira a réussi à organiser plusieurs manifestations mémorables. Par exemple, la **Marche des Penseurs** a eu lieu dans le centre de la capitale de Yorax3. Cette marche a rassemblé des milliers de participants, y compris des penseurs quantiques, des alliés et des sympathisants. Des slogans tels que « *Liberté pour les penseurs quantiques!* » et « *La pensée est un droit, pas un crime!* » ont résonné dans les rues, attirant l'attention des médias intergalactiques.

Un autre événement marquant fut la **Veillée des Lumières**, où des lanternes ont été allumées en mémoire des penseurs quantiques emprisonnés et persécutés. Cet événement a non seulement créé une atmosphère de solidarité, mais a également servi à humaniser la lutte des penseurs quantiques auprès du grand public.

Impact des manifestations

Les manifestations organisées par Lira et ses alliés ont eu un impact significatif sur la société de Yorax3. Elles ont permis de **sensibiliser le public** aux injustices subies par les penseurs quantiques, ce qui a progressivement changé les perceptions. Les médias ont commencé à couvrir les événements, et des personnalités influentes ont commencé à prendre position en faveur des droits quantiques.

De plus, ces manifestations ont conduit à une **mobilisation accrue** des jeunes générations. De nombreux jeunes, inspirés par le courage de Lira et de ses alliés, ont rejoint le mouvement, apportant une énergie nouvelle et des idées innovantes.

En conclusion, l'organisation de protestations et de manifestations sur Yorax3 a été une composante essentielle de la lutte de Lira pour les droits des penseurs quantiques. En surmontant des défis considérables et en mobilisant des ressources, Lira a réussi à créer un mouvement qui a non seulement attiré l'attention sur les injustices, mais a également inspiré une nouvelle génération d'activistes à poursuivre la lutte pour l'égalité et la justice dans l'univers.

Tentatives des autorités de réprimer l'activisme de Lira

Lira Vek, figure emblématique du mouvement pour les droits civiques des penseurs quantiques sur Yorax3, s'est rapidement heurtée à l'opposition des autorités, qui voyaient en elle une menace pour l'ordre établi. Les tentatives de répression de son activisme ont pris diverses formes, allant de la surveillance étroite à l'utilisation de la force brute, en passant par des campagnes de désinformation.

Surveillance et intimidation

Les autorités de Yorax3 ont d'abord opté pour la surveillance discrète de Lira et de ses alliés. Des agents de la sécurité, habillés en civils, ont été déployés pour infiltrer les rassemblements où Lira s'exprimait. Cette stratégie visait à recueillir des informations sur ses activités et à identifier ses partisans. La présence d'agents infiltrés a créé un climat de méfiance parmi les membres du mouvement, rendant difficile la coordination des actions collectives.

Législation restrictive

En réponse à la montée de l'activisme quantique, le gouvernement de Yorax3 a promulgué une série de lois restrictives. Par exemple, la loi *Zyron 47* a été adoptée, interdisant toute forme de manifestation publique en faveur des droits des penseurs quantiques. Cette législation a été justifiée par des arguments de sécurité nationale, prétendant que les rassemblements pouvaient inciter à la violence et à l'anarchie. Cependant, il était évident que l'objectif principal était de museler la voix de Lira et de ses partisans.

Campagnes de désinformation

Les autorités ont également mené des campagnes de désinformation pour discréditer Lira et son mouvement. Des médias d'État ont diffusé des reportages biaisés, présentant Lira comme une agitatrice cherchant à semer le chaos sur Yorax3. Des rumeurs ont été lancées, insinuant qu'elle avait des liens avec des groupes extrémistes d'autres planètes, ce qui a contribué à ternir son image aux yeux du public. Ces tactiques ont été efficaces pour créer un fossé entre Lira et une partie de la population, qui a commencé à voir son activisme comme une menace plutôt que comme une lutte pour les droits fondamentaux.

Arrestations arbitraires

La répression a atteint son paroxysme avec l'arrestation de Lira et de plusieurs de ses collègues. Lors d'une manifestation pacifique organisée pour dénoncer la loi *Zyron 47*, les forces de l'ordre ont fait usage de la violence pour disperser la foule. Lira a été arrêtée sous des accusations fallacieuses de sédition et d'incitation à la violence. Son emprisonnement a provoqué une onde de choc dans la communauté des penseurs quantiques, suscitant des manifestations de soutien à travers Yorax3 et au-delà.

Violations des droits humains

Les conditions de détention de Lira ont également soulevé des préoccupations majeures concernant les droits humains. Des rapports ont émergé sur les mauvais traitements infligés aux prisonniers politiques, y compris des actes de torture psychologique. Lira a été soumise à des interrogatoires incessants, visant à la forcer à renoncer à ses convictions et à dénoncer ses alliés. Ces violations flagrantes des droits humains ont attiré l'attention internationale, mobilisant des organisations de défense des droits civiques à travers la galaxie.

Impact sur le mouvement

Les tentatives des autorités de réprimer l'activisme de Lira ont eu des conséquences paradoxales. Bien que ces actions aient temporairement affaibli le mouvement, elles ont également galvanisé le soutien populaire pour la cause des penseurs quantiques. La brutalité des répressions a suscité une indignation croissante, incitant davantage de citoyens à s'engager dans la lutte pour les droits civiques. En conséquence, le nombre de manifestants a augmenté, et la résistance au régime oppressif s'est intensifiée.

Conclusion

Les tentatives des autorités de réprimer l'activisme de Lira Vek illustrent les défis auxquels sont confrontés les mouvements pour les droits civiques dans un contexte d'oppression. Malgré la violence et les intimidations, la détermination de Lira et de ses partisans à défendre les droits des penseurs quantiques a contribué à éveiller les consciences sur Yorax3 et à renforcer le mouvement pour la justice sociale. Les actions répressives des autorités ont finalement servi à mettre en lumière les injustices systémiques, rendant la lutte pour les droits civiques encore plus pertinente et urgente dans l'univers.

Emprisonnement et torture de Lira par le gouvernement

Lira Vek, en tant que fervente défenseure des droits des penseurs quantiques sur Yorax3, a rapidement attiré l'attention des autorités gouvernementales. L'interdiction de la pensée quantique, mise en place par un régime autoritaire, visait à contrôler et à supprimer toute forme de dissidence intellectuelle. En raison de son activisme croissant et de ses discours passionnés, Lira est devenue une cible privilégiée pour les forces de répression.

Contexte de l'emprisonnement

L'emprisonnement de Lira a eu lieu après une série de manifestations pacifiques qu'elle avait organisées pour dénoncer l'interdiction de la pensée quantique. Ces manifestations, bien que non-violentes, ont été perçues comme une menace directe à l'autorité du gouvernement. Le régime a justifié son intervention par des arguments fallacieux, affirmant que la pensée quantique était une « menace pour la stabilité sociale » et que Lira, en tant que leader du mouvement, devait être neutralisée.

Conditions de détention

À son arrestation, Lira a été placée dans une prison de haute sécurité, où les conditions de détention étaient inhumaines. Les prisonniers étaient souvent soumis à des traitements cruels, et Lira n'a pas fait exception. Les cellules étaient surpeuplées, mal ventilées, et les détenus avaient accès à une nourriture de mauvaise qualité, insuffisante pour maintenir leur santé.

$$\text{Conditions de vie} = \frac{\text{Qualité de la nourriture} + \text{Espace personnel}}{\text{Niveau de stress}} \quad (25)$$

Lira a subi des interrogatoires fréquents, souvent accompagnés de menaces et de violences physiques. Les autorités cherchaient à obtenir des informations sur ses alliés et sur les stratégies de la Coalition Intergalactique pour les Droits Quantique. Ces interrogatoires étaient non seulement une violation de ses droits humains, mais ils visaient également à briser son esprit et à la dissuader de poursuivre son activisme.

Tactiques de torture

Les tactiques de torture utilisées par le gouvernement de Yorax3 étaient variées et systématiques. Parmi les méthodes employées, on trouvait :

- **Privation sensorielle** : Lira était souvent placée dans des chambres d'isolement, où elle était privée de lumière et de sons pendant des périodes prolongées.
- **Violence physique** : Elle a été soumise à des coups et à des violences corporelles, conçus pour infliger de la douleur et de la souffrance.
- **Menaces psychologiques** : Les autorités utilisaient des menaces envers sa famille et ses amis pour tenter de la faire parler.

Ces méthodes de torture ont non seulement été utilisées pour obtenir des informations, mais aussi pour décourager d'autres militants potentiels. Le but était clair : instiller la peur dans le cœur de ceux qui oseraient s'opposer à l'autorité.

Impact sur la santé mentale et physique

Lira, en raison de son emprisonnement et des tortures subies, a développé des problèmes de santé physique et mentale. Les effets de la torture peuvent être classés en plusieurs catégories :

- **Traumatismes physiques** : Les blessures causées par les violences physiques ont laissé des séquelles durables, allant des douleurs chroniques à des blessures visibles.

- **Troubles psychologiques** : Lira a souffert de symptômes de stress post-traumatique (SSPT), notamment des cauchemars, des flashbacks et une anxiété persistante.

Ces effets ont été exacerbés par la solitude et l'isolement, qui sont des conséquences fréquentes de l'emprisonnement dans des conditions aussi sévères.

Réactions internationales

L'emprisonnement de Lira a suscité une vague d'indignation internationale. Des organisations de défense des droits humains, telles que la *Coalition des Droits Universels*, ont commencé à faire pression sur le gouvernement de Yorax3 pour qu'il mette fin à la répression des penseurs quantiques. Des campagnes de sensibilisation ont été lancées, mettant en lumière les abus subis par Lira et d'autres militants.

$$\text{Impact international} = \text{Mobilisation des ONG} + \text{Pression diplomatique} \quad (26)$$

Les manifestations à l'étranger et les appels à des sanctions contre le gouvernement de Yorax3 ont contribué à créer un climat de pression qui a finalement conduit à une enquête sur les violations des droits humains dans le pays.

Conclusion

L'emprisonnement et la torture de Lira Vek par le gouvernement de Yorax3 illustrent les dangers auxquels sont confrontés ceux qui luttent pour les droits civiques dans des régimes autoritaires. Son expérience est un témoignage poignant des conséquences de la répression et de la nécessité de défendre les droits fondamentaux de tous les êtres, qu'ils soient humains ou extraterrestres. Malgré les souffrances endurées, Lira est devenue un symbole d'espoir et de résistance pour de nombreux militants à travers l'univers, prouvant que même dans les moments les plus sombres, la lumière de la justice peut encore briller.

Attention internationale et soutien pour la cause de Lira

L'impact de Lira Vek sur la scène intergalactique s'est intensifié à mesure que son activisme pour les droits des penseurs quantiques prenait de l'ampleur. La répression brutale qu'elle a subie sur Yorax3 n'a pas seulement touché ses compatriotes, mais a également attiré l'attention des sociétés extraterrestres et des organisations intergalactiques. Cette section explore comment la cause de Lira a suscité un soutien international et les implications de cette attention.

Mobilisation des médias intergalactiques

Les médias intergalactiques ont joué un rôle crucial dans la diffusion de l'information concernant la lutte de Lira. Des reportages diffusés sur des chaînes comme *Galactic News Network* (GNN) et *Cosmic Current* ont mis en lumière les violations des droits humains sur Yorax3. Ces médias ont utilisé des images poignantes de manifestations pacifiques réprimées et des témoignages de proches de Lira pour créer un élan de sympathie.

$$S = \frac{P}{T} \qquad (27)$$

où S représente le soutien international, P le nombre de publications médiatiques, et T le temps écoulé depuis le début de la répression. Cette équation illustre comment une augmentation des publications peut mener à une amplification du soutien.

Appels à l'action des organisations intergalactiques

Des organisations comme l'*Alliance des Planètes Unies* (APU) et le *Conseil des Droits Universels* (CDU) ont émis des déclarations condamnant l'oppression des penseurs quantiques sur Yorax3. Ces organisations ont organisé des campagnes de sensibilisation, appelant les citoyens des différentes planètes à se mobiliser pour soutenir Lira. Des pétitions intergalactiques ont été lancées, recueillant des millions de signatures en quelques jours.

Soutien de figures influentes

Des personnalités influentes de diverses planètes ont également pris position en faveur de Lira. Des leaders d'opinion, des artistes, et même des politiciens ont exprimé leur solidarité. Par exemple, l'artiste intergalactique renommé, Zorath, a dédié une œuvre à Lira, intitulée *Liberté Quantique*, qui a été exposée dans plusieurs galeries à travers la galaxie.

$$A = k \cdot I \qquad (28)$$

où A est l'impact artistique, k est un coefficient de notoriété de l'artiste, et I est l'intérêt du public. Cette relation montre comment le soutien d'artistes célèbres peut accroître l'impact d'une cause.

Réactions des gouvernements extraterrestres

Face à la pression internationale, certains gouvernements extraterrestres ont commencé à revoir leurs politiques concernant les droits civiques. Par exemple, le gouvernement de la planète Thalax a proposé d'accueillir une conférence intergalactique sur les droits des penseurs quantiques, en réponse aux appels d'organisations de défense des droits. Cela a créé un espace de dialogue, permettant à des représentants de différentes planètes de discuter des défis communs.

Conséquences de l'attention internationale

L'attention internationale a non seulement renforcé le mouvement pour les droits quantiques, mais a également mis en lumière les failles dans le système politique de Yorax3. Les gouvernements oppresseurs ont commencé à ressentir la pression, ce qui a conduit à des manifestations plus fréquentes et à une résistance croissante au sein de la population. Les leaders de l'opposition sur Yorax3 ont utilisé cette attention pour galvaniser le soutien local, et des groupes clandestins ont commencé à se former, inspirés par la lutte de Lira.

Solidarité intergalactique

La solidarité intergalactique a pris plusieurs formes. Des collectes de fonds ont été organisées pour soutenir les familles des penseurs quantiques emprisonnés, et des campagnes de sensibilisation ont eu lieu sur des planètes éloignées. Lira est devenue un symbole de résistance, et son nom est maintenant synonyme de lutte pour la justice dans tout l'univers.

Conclusion

L'attention internationale et le soutien pour la cause de Lira ont été des catalyseurs importants pour le mouvement des droits quantiques. Grâce aux médias, à la mobilisation des organisations intergalactiques et à l'appui de figures influentes, la lutte de Lira a transcendé les frontières de Yorax3, inspirant des millions à travers la galaxie. La répression qu'elle a subie a non seulement éveillé les consciences, mais a également ouvert la voie à un avenir où les droits des penseurs quantiques pourraient enfin être reconnus et protégés.

Escalade du conflit entre penseurs quantiques et oppresseurs

L'escalade du conflit entre penseurs quantiques et oppresseurs sur Yorax3 a été marquée par une série d'événements tragiques et déterminants qui ont mis en lumière les tensions croissantes au sein de la société. À mesure que les penseurs quantiques, tels que Lira Vek, prenaient de l'ampleur dans leur lutte pour les droits civiques, les autorités oppressives intensifiaient leurs efforts pour étouffer toute forme de dissidence.

Théories de la répression et de la résistance

Pour comprendre l'escalade de ce conflit, il est essentiel de se référer à des théories sociopolitiques telles que la théorie de la répression de Charles Tilly, qui soutient que les mouvements sociaux émergent souvent en réponse à des formes de répression gouvernementale. Dans le cas de Yorax3, les autorités ont mis en œuvre des lois strictes interdisant la pensée quantique, justifiant ces actions par la nécessité de maintenir l'ordre public et de protéger la société contre ce qu'ils appelaient des "idées subversives".

$$R = f(P, E) \qquad (29)$$

où R est le niveau de résistance, P est le niveau de répression, et E est l'émergence des mouvements sociaux. Cette équation illustre que plus la répression augmente, plus la résistance des penseurs quantiques se renforce, alimentant ainsi un cycle de conflit.

Problèmes rencontrés par les penseurs quantiques

Au fur et à mesure que le mouvement pour les droits des penseurs quantiques gagnait en visibilité, plusieurs problèmes se sont intensifiés :

- **Surveillance accrue :** Les autorités ont intensifié la surveillance des activités des penseurs quantiques, utilisant des technologies avancées pour surveiller les communications et les rassemblements. Cette surveillance a créé un climat de peur et de méfiance parmi les activistes.

- **Arrestations arbitraires :** Les manifestations pacifiques organisées par les penseurs quantiques ont été systématiquement réprimées. Des arrestations massives ont eu lieu, ciblant des figures clés du mouvement, y compris Lira Vek elle-même. Ces actions ont été justifiées par le gouvernement comme des mesures de sécurité publique.

- **Propagande gouvernementale :** Les médias contrôlés par l'État ont diffusé des narrations biaisées, dépeignant les penseurs quantiques comme des extrémistes menaçant la stabilité de Yorax3. Cette manipulation de l'information a exacerbé les tensions entre le gouvernement et la population.

Exemples d'escalade du conflit

La tension a atteint son paroxysme lors de la "Grande Manifestation de Yorax3", un événement organisé par les penseurs quantiques pour revendiquer leurs droits. Malgré les appels à une manifestation pacifique, les forces de sécurité ont réagi avec une violence sans précédent.

Les autorités ont utilisé des gaz lacrymogènes et des dispositifs de contrôle de foule pour disperser les manifestants. Ce jour-là, plusieurs personnes ont été blessées, et des arrestations massives ont eu lieu. Ce brutal affrontement a non seulement galvanisé le soutien populaire pour la cause de Lira Vek, mais a également attiré l'attention internationale sur la situation sur Yorax3.

Conséquences de l'escalade du conflit

L'escalade du conflit a eu des conséquences profondes, tant sur le plan social que politique. Les penseurs quantiques, au lieu de se sentir découragés, ont vu leur détermination renouvelée. Lira Vek, en particulier, a utilisé les événements tragiques de cette journée pour renforcer son message et mobiliser davantage de soutien.

$$C = \sum_{i=1}^{n}(R_i - O_i) \tag{30}$$

où C représente le niveau de conscience collective, R_i est la résistance individuelle, et O_i est l'opposition individuelle. Cette équation montre comment chaque acte de résistance, face à l'oppression, contribue à un niveau croissant de conscience collective parmi les penseurs quantiques.

En réponse à la répression, la Coalition Intergalactique pour les Droits Quantiques a intensifié ses efforts, organisant des campagnes de sensibilisation et des manifestations interplanétaires. Lira Vek est devenue une icône de la résistance, attirant l'attention de sympathisants au-delà des frontières de Yorax3.

Conclusion

L'escalade du conflit entre penseurs quantiques et oppresseurs a révélé la résilience de l'esprit humain face à l'oppression. Les événements sur Yorax3 ont non seulement renforcé la détermination des penseurs quantiques, mais ont également mis en lumière la nécessité d'une lutte continue pour les droits civiques dans l'univers. Alors que les tensions persistaient, la lutte pour la reconnaissance et la liberté des penseurs quantiques ne faisait que commencer, promettant une saga de résistance qui résonnerait à travers les galaxies.

Évasion de Lira de Yorax3 et ses répercussions

L'évasion de Lira Vek de Yorax3 représente un tournant décisif dans sa lutte pour les droits civiques des penseurs quantiques. Après des mois de répression, de détention et de torture, Lira a réussi à s'échapper d'une prison de haute sécurité où elle était retenue par le gouvernement tyrannique de Yorax3. Cet événement n'a pas seulement marqué un moment de triomphe personnel, mais a également eu des répercussions profondes et durables sur le mouvement pour les droits quantiques à travers l'univers.

Contexte de l'évasion

Avant son évasion, Lira avait été soumise à des conditions inhumaines. Les autorités de Yorax3 avaient intensifié leur répression contre les penseurs quantiques, considérés comme une menace pour l'ordre établi. Les prisons étaient surpeuplées, et les prisonniers étaient souvent soumis à des interrogatoires brutaux. Lira, en tant que figure emblématique du mouvement, était particulièrement ciblée. Son esprit indomptable et son refus de se soumettre à l'autorité en faisaient une cible de choix.

Lira a profité d'une opportunité inattendue lors d'un transfert de prisonniers. Grâce à l'aide d'un groupe clandestin de sympathisants, elle a réussi à orchestrer une évasion audacieuse. Utilisant des techniques de pensée quantique, elle a pu créer une diversion qui a permis à elle et à d'autres prisonniers de s'échapper. Ce moment est devenu un symbole d'espoir et de résistance pour ceux qui luttaient pour la liberté sur Yorax3.

Répercussions immédiates

L'évasion de Lira a provoqué une onde de choc à travers Yorax3 et au-delà. Les autorités, humiliées par cette fuite audacieuse, ont intensifié leurs efforts pour capturer Lira. Cependant, cette chasse à l'homme a également suscité une mobilisation massive des partisans des droits civiques. Des manifestations ont éclaté dans plusieurs villes, et de nombreux citoyens ont commencé à remettre en question l'autorité du gouvernement.

Les médias intergalactiques ont couvert l'événement, et Lira est devenue une icône de la résistance. Les récits de son évasion ont inspiré d'autres mouvements de droits civiques sur des planètes voisines. Les penseurs quantiques, qui avaient été réduits au silence, ont commencé à s'organiser et à revendiquer leurs droits, galvanisés par le courage de Lira.

Impact sur le mouvement pour les droits quantiques

L'évasion de Lira a eu un impact significatif sur le mouvement pour les droits quantiques. Elle a renforcé la Coalition Intergalactique pour les Droits Quantique, qui a vu le jour peu après son évasion. Lira, devenue une figure de proue, a utilisé sa nouvelle notoriété pour plaider en faveur des droits des penseurs quantiques à l'échelle galactique.

Les conférences interstellaires ont été organisées, et des alliances ont été formées entre différents mouvements de droits civiques. Lira a souligné l'importance de la solidarité intergalactique, affirmant que la lutte pour les droits quantiques était une lutte universelle. Elle a déclaré :

$$\text{Liberté} \implies \text{Responsabilité} \implies \text{Solidarité} \qquad (31)$$

Cette formule est devenue un mantra pour les militants des droits civiques, symbolisant le lien entre la liberté individuelle et la responsabilité collective.

Conséquences à long terme

À long terme, l'évasion de Lira a conduit à une transformation radicale de la société de Yorax3. La pression croissante de la population et le soutien international ont forcé le gouvernement à reconsidérer sa position sur la pensée quantique. Des réformes ont été entreprises, et des discussions sur la légalisation de la pensée quantique ont été initiées.

Lira, bien qu'en exil, est restée un leader influent. Elle a continué à écrire et à parler publiquement, partageant sa vision d'un univers où les droits quantiques seraient respectés. Son héritage a inspiré des générations de militants, et sa détermination à lutter pour la justice a laissé une empreinte indélébile sur le mouvement.

Conclusion

L'évasion de Lira Vek de Yorax3 n'était pas seulement un acte de survie, mais un acte de défi contre l'oppression. Elle a démontré que la résistance est possible, même dans les circonstances les plus sombres. Les répercussions de cet événement continuent de résonner à travers l'univers, rappelant à chacun que la lutte pour les droits civiques est une bataille qui mérite d'être menée, peu importe les obstacles. La lutte de Lira pour les droits quantiques ne s'est pas arrêtée avec son évasion ; elle a ouvert la voie à une nouvelle ère de conscience et de mobilisation intergalactique.

Exposition des crimes du gouvernement contre les penseurs quantiques

Lira Vek, en tant que fervente défenseure des droits civiques des penseurs quantiques, a été confrontée à une réalité troublante : les crimes du gouvernement de Yorax3 contre cette communauté. Ces actes, souvent dissimulés sous des justifications légales et morales, ont révélé un système oppressif qui cherchait à étouffer toute forme de dissidence intellectuelle. Dans cette section, nous allons explorer les diverses façons dont le gouvernement a tenté de réprimer les penseurs quantiques, les méthodes utilisées pour dissimuler ces crimes, et l'impact de ces actions sur la société de Yorax3.

Les méthodes de répression

Les autorités de Yorax3 ont employé une variété de méthodes pour réprimer les penseurs quantiques, allant de la surveillance massive à l'emprisonnement arbitraire. L'une des méthodes les plus insidieuses a été l'utilisation de la *propagande* pour dépeindre les penseurs quantiques comme des menaces à la sécurité nationale. Cette campagne a été orchestrée par le ministère de la Sécurité Intérieure, qui a diffusé des informations biaisées à travers les médias d'État, créant ainsi un climat de peur et de méfiance.

$$\text{Propagande} = \frac{\text{Désinformation} + \text{Contrôle des médias}}{\text{Liberté d'expression}} \quad (32)$$

FACE À L'OPPRESSION ET DÉFIANT L'INTERDICTION DE LA PENSÉE QUANTIQUE

Cette équation illustre comment la désinformation et le contrôle des médias peuvent réduire la liberté d'expression, facilitant ainsi la répression des idées dissidentes. Les penseurs quantiques, souvent perçus comme des éléments perturbateurs, ont été soumis à des campagnes de diffamation qui ont sapé leur crédibilité.

Exemples de violations des droits

Les exemples de violations des droits des penseurs quantiques sont nombreux et variés. L'un des cas les plus notables a été celui de **Zara T'Khan**, une éminente penseuse quantique, qui a été arrêtée pour avoir organisé un séminaire sur les implications éthiques de la pensée quantique. Lors de son arrestation, elle a été accusée de *subversion* et a été détenue sans procès pendant plus de six mois.

$$\text{Détention} = \text{Arrestation} + \text{Absence de procès} \quad (33)$$

Cette situation a soulevé des préoccupations internationales, avec des organisations de défense des droits humains appelant à sa libération. Cependant, le gouvernement a maintenu sa position, arguant que les activités de T'Khan menaçaient la stabilité de la société.

L'impact sur la société de Yorax3

Les crimes du gouvernement contre les penseurs quantiques ont eu un impact profond sur la société de Yorax3. La peur de la répression a conduit de nombreux individus à s'auto-censurer, évitant de discuter ouvertement de la pensée quantique ou de s'engager dans des activités activistes. Cette atmosphère d'intimidation a également eu des répercussions sur l'éducation, avec des institutions académiques évitant d'aborder des sujets liés à la pensée quantique par crainte de représailles.

$$\text{Impact sociétal} = \frac{\text{Censure} + \text{Silence}}{\text{Liberté académique}} \quad (34)$$

Cette équation montre comment la censure et le silence peuvent réduire la liberté académique, créant ainsi un environnement hostile à l'innovation et à la pensée critique. Les jeunes générations, qui auraient pu être les porte-voix du changement, se sont retrouvées dans un environnement où l'expression des idées était non seulement découragée mais également punie.

Révélation des crimes

Lira Vek a joué un rôle crucial dans l'exposition des crimes du gouvernement. En collaborant avec des journalistes d'investigation et des organisations de défense des droits de l'homme, elle a réussi à recueillir des témoignages et des preuves des abus. Ces efforts ont culminé dans la publication d'un rapport détaillé, intitulé *Les Ombres de Yorax3*, qui a documenté les violations systématiques des droits des penseurs quantiques.

Ce rapport a non seulement attiré l'attention internationale, mais a également galvanisé le soutien local. Des manifestations ont éclaté à travers Yorax3, avec des citoyens exigeant des comptes au gouvernement. Lira, en tant que figure emblématique de ces manifestations, a utilisé sa plateforme pour appeler à la justice et à la transparence.

Conclusion

L'exposition des crimes du gouvernement contre les penseurs quantiques a été une étape cruciale dans la lutte pour les droits civiques sur Yorax3. En mettant en lumière ces abus, Lira Vek a non seulement renforcé la résilience de la communauté des penseurs quantiques, mais a également ouvert la voie à une prise de conscience plus large des enjeux de la liberté d'expression et des droits humains dans l'univers. La lutte pour la vérité et la justice continue, et l'héritage de Lira perdure à travers les générations qui suivent.

$$\text{Héritage} = \text{Vérité} + \text{Justice} + \text{Résilience} \tag{35}$$

Ainsi, l'engagement de Lira pour exposer les crimes du gouvernement a non seulement servi de catalyseur pour le changement, mais a également inspiré une nouvelle génération de penseurs quantiques à poursuivre la lutte pour leurs droits, renforçant ainsi l'idée que la vérité et la justice sont des piliers fondamentaux de toute société juste.

Retour de Lira sur Yorax3 et lutte continue pour les droits quantiques

Le retour de Lira Vek sur Yorax3 marque un tournant décisif dans la lutte pour les droits des penseurs quantiques. Après avoir passé une période d'exil et d'activisme intergalactique, Lira revient sur sa planète natale, animée par un désir ardent de revendiquer et de restaurer les droits fondamentaux de ses concitoyens. Ce retour n'est pas simplement un acte symbolique, mais une étape cruciale dans le combat pour l'égalité et la justice.

Contexte du Retour

À son retour, Lira est confrontée à une réalité sombre. L'interdiction de la pensée quantique, bien qu'affaiblie par la pression internationale, reste en vigueur. Les autorités de Yorax3, bien qu'elles aient subi une certaine pression, continuent de réprimer les voix dissidentes. Lira sait qu'elle doit agir rapidement pour galvaniser le soutien populaire et mobiliser les ressources nécessaires pour un changement significatif.

Mobilisation des Partisans

Lira commence par organiser des rassemblements dans les principales villes de Yorax3, utilisant son charisme et son éloquence pour rallier les partisans. Elle évoque des exemples de la lutte pour les droits civiques sur d'autres planètes, comme la résistance sur Zentar IV, où les penseurs quantiques ont réussi à obtenir des droits grâce à une mobilisation communautaire massive. Ces exemples servent à inspirer et à motiver les citoyens de Yorax3 à prendre position.

$$\text{Impact} = \text{Mobilisation} \times \text{Soutien Populaire} \tag{36}$$

Cette équation simple illustre l'idée que l'impact de son mouvement dépendra de la capacité à mobiliser les citoyens et à obtenir leur soutien. Lira utilise les médias sociaux et les plateformes de communication intergalactiques pour diffuser son message, atteignant ainsi un public plus large.

Stratégies d'Activisme

Pour faire face à la répression gouvernementale, Lira adopte des stratégies d'activisme diversifiées. Elle initie des campagnes de sensibilisation, des ateliers éducatifs sur la pensée quantique et des forums de discussion pour informer le public sur les injustices subies par les penseurs quantiques. Ces initiatives visent à créer un environnement où la pensée critique peut s'épanouir et où les citoyens peuvent discuter librement des implications de l'interdiction.

Confrontation avec les Autorités

Les autorités de Yorax3, alarmées par le regain d'activisme, intensifient leurs efforts pour réprimer le mouvement. Lira fait face à des menaces d'arrestation et à des tentatives d'intimidation. Cependant, elle reste résolue. Lors d'une confrontation publique avec un représentant du gouvernement, elle déclare :

> « Nous ne céderons pas à la peur. La pensée quantique est un droit fondamental, et nous continuerons à nous battre jusqu'à ce qu'elle soit reconnue et respectée. »

Cette déclaration galvanise les partisans et attire l'attention des médias intergalactiques, amplifiant le message de Lira.

Établissement de la Coalition des Droits Quantiques

En réponse à la répression croissante, Lira travaille à établir la Coalition des Droits Quantiques sur Yorax3. Cette coalition regroupe des activistes, des intellectuels, et des citoyens ordinaires, tous unis par un objectif commun : la fin de l'interdiction de la pensée quantique. La coalition organise des manifestations pacifiques et des campagnes de plaidoyer, cherchant à influencer les décideurs politiques.

Résistance et Résilience

Malgré les défis, Lira et ses alliés montrent une résilience remarquable. Ils continuent de documenter les violations des droits des penseurs quantiques, rassemblant des preuves et des témoignages pour les soumettre aux organisations intergalactiques de défense des droits de l'homme. Ces efforts sont essentiels pour maintenir la pression sur le gouvernement de Yorax3.

Réactions de la Communauté Internationale

Le retour de Lira et sa lutte continue pour les droits quantiques suscitent des réactions variées. Les organisations internationales, telles que la Fédération des Droits Universels, expriment leur soutien et appellent à des sanctions contre le gouvernement de Yorax3 pour ses violations des droits humains. Lira devient une figure emblématique, non seulement sur sa planète, mais dans toute la galaxie.

Vision d'un Futur Inclusif

Lira envisage un avenir où la pensée quantique est célébrée et protégée. Elle croit fermement que la diversité des idées et des perspectives est essentielle à l'évolution de la société. Dans ses discours, elle évoque l'importance de l'inclusion et de la compréhension interculturelle, affirmant que chaque voix mérite d'être entendue.

Futur Inclusif = Diversité des Idées + Protection des Droits (37)

Cette équation résume la vision de Lira : un avenir où la diversité des idées est non seulement acceptée, mais célébrée comme un atout fondamental pour la société.

Conclusion

Le retour de Lira sur Yorax3 ne marque pas la fin de sa lutte, mais plutôt le début d'une nouvelle phase. Armée de détermination et de passion, elle continue de défier l'oppression et d'inspirer des générations à venir. Son combat pour les droits quantiques devient un symbole d'espoir pour tous ceux qui aspirent à la liberté de pensée et d'expression dans l'univers. Lira Vek, en tant que militante, incarne la résilience et la force nécessaires pour surmonter les obstacles et réaliser un avenir où chacun peut penser librement.

Héritage de Lira et avenir des penseurs quantiques

Impact de Lira sur la société de Yorax3

Lira Vek, figure emblématique de l'activisme pour les droits civiques sur Yorax3, a profondément influencé la société de sa planète natale à travers ses actions audacieuses et ses idéaux révolutionnaires. Son impact s'étend bien au-delà des simples manifestations et campagnes de sensibilisation ; il a redéfini les normes sociales, engendré des mouvements de solidarité, et a suscité un changement de paradigme dans la perception des entités de pensée quantique.

Changement de perception et sensibilisation

Avant l'émergence de Lira, la pensée quantique était largement stigmatisée sur Yorax3. Les penseurs quantiques étaient souvent perçus comme des individus dangereux, capables de manipuler la réalité à leur guise. Cependant, Lira a utilisé sa plateforme pour démystifier cette perception. En organisant des conférences, des ateliers et des manifestations pacifiques, elle a réussi à éduquer le public sur les véritables capacités et les contributions des penseurs quantiques à la société. Par exemple, lors de la grande manifestation de l'année 2277, Lira a prononcé un discours marquant qui a attiré l'attention des médias intergalactiques, changeant ainsi la narration autour des penseurs quantiques. Elle a déclaré :

"La pensée quantique n'est pas une menace, mais une promesse d'un avenir où la créativité et l'innovation ne connaissent pas de frontières. Nous devons embrasser cette diversité d'esprit, non la craindre."

Cette déclaration a résonné avec de nombreux citoyens de Yorax3, entraînant une vague de soutien pour les droits des penseurs quantiques.

Mobilisation sociale et solidarité

Lira a également joué un rôle crucial dans la mobilisation des citoyens de Yorax3 autour de la cause des droits civiques. Son approche inclusive a permis de rassembler des groupes variés, allant des jeunes étudiants aux anciens combattants, tous unis par un objectif commun : la liberté d'expression et la reconnaissance des penseurs quantiques. Grâce à son charisme et à sa capacité à articuler des problèmes complexes de manière accessible, Lira a su mobiliser des milliers de personnes lors de manifestations pacifiques, créant ainsi un mouvement social sans précédent sur Yorax3.

L'un des exemples les plus marquants de cette mobilisation est la "Marche pour la Liberté Quantique" en 2278, où plus de 100 000 citoyens ont défilé dans les rues de la capitale de Yorax3. Cette marche a non seulement attiré l'attention des médias, mais elle a également incité des discussions au sein des institutions gouvernementales sur l'éventualité d'une réforme des lois concernant la pensée quantique.

Réformes législatives et politiques publiques

L'impact de Lira ne se limite pas à la sensibilisation et à la mobilisation. Son activisme a directement conduit à des changements législatifs significatifs sur Yorax3. En réponse à la pression croissante de la société civile, le gouvernement de Yorax3 a été contraint de revoir ses lois sur la pensée quantique. En 2280, une nouvelle législation a été adoptée, abrogeant les lois discriminatoires qui avaient été en vigueur depuis des décennies. Cette loi a été saluée comme une victoire majeure pour les droits civiques et a ouvert la voie à une plus grande acceptation des penseurs quantiques dans tous les aspects de la vie sociale et professionnelle.

Création de nouvelles institutions

Lira a également été à l'origine de la création de plusieurs institutions dédiées à la protection et à la promotion des droits des penseurs quantiques. L'une des plus importantes est l'Institut de Recherche et de Défense des Droits Quantiques (IRDQ), fondé en 2281. Cet institut a pour mission de mener des recherches sur les droits civiques, de fournir des ressources aux penseurs quantiques, et de servir de plateforme pour le dialogue entre les différentes factions de la société. Grâce à l'IRDQ, des programmes éducatifs ont été mis en place pour sensibiliser les jeunes générations à la pensée quantique et à son potentiel.

Influence culturelle et artistique

L'impact de Lira sur la société de Yorax3 s'est également manifesté dans le domaine culturel. Son activisme a inspiré une nouvelle vague d'artistes, écrivains et musiciens à explorer les thèmes de la pensée quantique et des droits civiques dans leurs œuvres. Des pièces de théâtre, des romans et des œuvres d'art visuel ont vu le jour, reflétant les luttes et les aspirations des penseurs quantiques. Par exemple, la pièce "L'Esprit Libéré", écrite par la dramaturge Zina Korr, a remporté plusieurs prix et a été saluée pour sa représentation poignante des défis auxquels sont confrontés les penseurs quantiques sur Yorax3.

Un héritage durable

L'impact de Lira sur la société de Yorax3 est indéniable et continuera d'influencer les générations futures. Son combat pour les droits civiques a non seulement changé la vie des penseurs quantiques, mais a également contribué à façonner une société plus juste et inclusive. Les valeurs de tolérance, de solidarité et de respect pour la diversité d'esprit qu'elle a promues sont désormais intégrées dans le tissu social de Yorax3.

En conclusion, Lira Vek a laissé une empreinte indélébile sur la société de Yorax3. Son activisme a provoqué un changement de perception, mobilisé des milliers de citoyens, conduit à des réformes législatives et inspiré une nouvelle génération d'artistes et de penseurs. L'héritage de Lira est un témoignage du pouvoir d'un individu déterminé à défier l'injustice et à défendre les droits de tous, indépendamment de leur manière de penser.

Abrogation de l'interdiction de la pensée quantique sur Yorax3

L'interdiction de la pensée quantique sur Yorax3 a longtemps été un sujet de controverse, un mur de silence érigé par les autorités pour étouffer les voix des penseurs quantiques. Cependant, grâce aux efforts inlassables de Lira Vek et de ses alliés, cette interdiction a été abrogée, marquant un tournant historique dans la lutte pour les droits civiques sur Yorax3.

Contexte de l'interdiction

L'interdiction de la pensée quantique était justifiée par les autorités de Yorax3 par des arguments de sécurité nationale et de préservation de l'ordre social. Les gouvernements prétendaient que la pensée quantique, qui permettait une forme de communication et de perception instantanée à travers les dimensions, pouvait mener à des abus de pouvoir et à une anarchie. Cette rhétorique a été renforcée par des théories pseudoscientifiques qui associaient la pensée quantique à des phénomènes catastrophiques, tels que la destruction de la réalité ou la création de paradoxes temporels.

Les efforts de Lira Vek

Lira Vek, en tant qu'activiste passionnée, a compris que pour abroger cette interdiction, il fallait d'abord déconstruire les mythes et les peurs qui l'entouraient. Elle a organisé des campagnes de sensibilisation, utilisant des données scientifiques et des témoignages de penseurs quantiques pour illustrer les bénéfices de cette capacité. Par exemple, elle a mis en avant des études démontrant comment la pensée quantique avait été utilisée pour résoudre des crises intergalactiques, comme la gestion des ressources en eau sur des planètes en danger.

$$\text{Efficacité de la pensée quantique} = \frac{\text{Résultats positifs}}{\text{Coûts d'implémentation}} \quad (38)$$

Cette équation montre que lorsque les résultats positifs dépassent les coûts d'implémentation, la pensée quantique devient non seulement viable mais essentielle. Lira a également utilisé des exemples historiques, tels que la libération des droits civiques sur d'autres planètes, pour démontrer que la peur de l'inconnu ne devait pas entraver le progrès.

Mobilisation et alliances

La mobilisation des citoyens a été essentielle dans ce processus. Des manifestations pacifiques ont été organisées, où des milliers de citoyens de Yorax3 ont exprimé leur désir de voir l'interdiction levée. Ces manifestations ont attiré l'attention internationale, suscitant des alliances avec d'autres mouvements pour les droits civiques à travers la galaxie. Le soutien d'organisations interstellaires a été crucial, car elles ont fourni une plateforme pour partager les histoires des penseurs quantiques et leurs contributions à la société.

La décision historique

Après des mois de pression et de plaidoyer, le gouvernement de Yorax3 a finalement cédé. Lors d'une session historique au Conseil Galactique, une résolution a été adoptée pour abroger l'interdiction de la pensée quantique. La décision a été saluée par des applaudissements retentissants, et Lira Vek a été reconnue comme l'une des principales architectes de ce changement.

Conséquences de l'abrogation

L'abrogation de l'interdiction a eu des conséquences profondes sur la société de Yorax3. Les penseurs quantiques ont pu s'exprimer librement, contribuant à une nouvelle ère de créativité et d'innovation. Des projets collaboratifs ont vu le jour, reliant des penseurs quantiques de différentes planètes pour résoudre des problèmes universels.

Lira a déclaré lors d'un discours mémorable :

> « Aujourd'hui, nous ne célébrons pas seulement la fin d'une interdiction, mais le début d'une nouvelle ère où la pensée quantique peut s'épanouir et enrichir nos vies. »

Réflexion sur l'avenir

Alors que l'interdiction de la pensée quantique sur Yorax3 est désormais abrogée, les défis demeurent. Les anciennes mentalités peuvent persister, et il est crucial de continuer à promouvoir une culture de compréhension et de respect envers toutes les formes de pensée. Lira Vek et ses alliés restent vigilants, s'assurant que les droits des penseurs quantiques soient protégés et célébrés.

L'avenir semble prometteur, avec la possibilité d'un univers où la pensée quantique est non seulement acceptée mais intégrée dans le tissu de la société. La lutte pour les droits civiques, bien que victorieuse dans ce cas, continue d'exiger engagement et détermination.

Ainsi, l'abrogation de l'interdiction de la pensée quantique sur Yorax3 n'est pas seulement un événement marquant, mais le prélude à une révolution culturelle qui pourrait transformer non seulement Yorax3, mais l'ensemble de la galaxie.

Expansion des mouvements pour les droits quantiques à travers l'univers

Lira Vek, en tant que pionnière des droits civiques pour les penseurs quantiques, a joué un rôle crucial dans l'expansion des mouvements pour les droits quantiques à travers l'univers. Cette expansion ne s'est pas produite dans un vide, mais a été le résultat de divers facteurs interconnectés qui ont permis à la cause d'atteindre des planètes et des sociétés auparavant indifférentes ou hostiles à la question des droits quantiques.

1. Contexte intergalactique

L'expansion des mouvements pour les droits quantiques peut être comprise à travers le prisme des conditions sociales, politiques et économiques dans lesquelles ces mouvements ont émergé. Dans de nombreuses sociétés extraterrestres, les penseurs quantiques ont été marginalisés, souvent perçus comme des menaces à l'ordre établi. Par exemple, sur la planète Zynthar, la pensée quantique était associée à des révoltes passées qui avaient conduit à des conflits dévastateurs. Cependant, Lira a su transformer cette perception en utilisant des stratégies de communication efficaces et des alliances avec des mouvements similaires.

2. Stratégies d'expansion

Lira a mis en œuvre plusieurs stratégies pour favoriser l'expansion des mouvements pour les droits quantiques. Parmi ces stratégies, on trouve :

- **Coalitions intergalactiques :** Lira a créé des alliances avec d'autres mouvements pour les droits civiques, permettant un partage des ressources et des idées. Par exemple, la Coalition Intergalactique pour les Droits Quantiques a établi des partenariats avec des groupes sur des planètes comme Xeloria et Thalax, où des conditions similaires d'oppression existaient.

- **Utilisation des médias :** En utilisant des plateformes médiatiques intergalactiques, Lira a pu faire connaître la cause des droits quantiques. Des documentaires, des articles et des émissions de radio ont été diffusés, sensibilisant ainsi un public plus large aux injustices subies par les penseurs quantiques.

- **Éducation et sensibilisation :** Lira a également investi dans des programmes éducatifs visant à informer les jeunes générations sur les droits quantiques, leur permettant ainsi de devenir des défenseurs de la cause. Par exemple, des ateliers sur la pensée quantique ont été organisés sur plusieurs planètes, créant un réseau de jeunes activistes.

HÉRITAGE DE LIRA ET AVENIR DES PENSEURS QUANTIQUES

3. Problèmes rencontrés

Malgré ces efforts, l'expansion des mouvements pour les droits quantiques n'a pas été sans défis. Parmi les problèmes rencontrés, on peut citer :

- **Résistance des autorités :** Dans de nombreuses sociétés, les gouvernements ont réagi avec une répression accrue face à l'activisme croissant. Par exemple, sur la planète Grith, des manifestations pacifiques ont été réprimées par la force, entraînant des arrestations massives de penseurs quantiques.

- **Division interne :** Au sein même des mouvements pour les droits quantiques, des divergences idéologiques ont parfois conduit à des schismes. Certains groupes prônaient une approche pacifique, tandis que d'autres soutenaient des actions plus radicales, ce qui a affaibli l'unité du mouvement.

- **Propagande négative :** Les opposants aux droits quantiques ont utilisé la propagande pour ternir l'image des activistes. Des histoires déformées sur les penseurs quantiques ont été diffusées, les présentant comme des individus dangereux et instables, ce qui a rendu le travail de Lira encore plus difficile.

4. Exemples d'expansion réussie

Malgré ces défis, plusieurs exemples illustrent l'expansion réussie des mouvements pour les droits quantiques :

- **La Révolution de Zynthar :** Suite à une série de manifestations organisées par Lira et ses alliés, la planète Zynthar a connu un changement radical dans ses lois concernant la pensée quantique. La pression internationale a conduit à l'abrogation des lois restrictives, permettant aux penseurs quantiques de s'exprimer librement.

- **Le Sommet Intergalactique des Droits Quantiques :** Organisé sur la planète Thalax, cet événement a rassemblé des leaders de divers mouvements pour les droits quantiques. Le sommet a abouti à la création d'une charte intergalactique des droits quantiques, qui a été adoptée par plusieurs planètes, établissant des normes minimales pour la protection des penseurs quantiques.

- **Campagnes artistiques :** Des artistes de différentes planètes ont uni leurs forces pour créer des œuvres d'art et des performances qui ont sensibilisé le public aux injustices subies par les penseurs quantiques. Ces campagnes ont été particulièrement efficaces pour toucher les cœurs et les esprits, rendant la cause plus accessible et compréhensible.

5. Conclusion

L'expansion des mouvements pour les droits quantiques à travers l'univers est un témoignage de la résilience et de la détermination des défenseurs de ces droits. Grâce à des stratégies innovantes et à des alliances solides, Lira Vek a réussi à faire entendre la voix des penseurs quantiques, transformant leur lutte en un mouvement intergalactique. L'héritage de Lira et de ses contemporains continue d'inspirer de nouveaux activistes, assurant que la lutte pour les droits quantiques se poursuivra dans les générations à venir.

Plaidoyer continu de Lira depuis l'exil

Lira Vek, bien qu'exilée de sa planète natale Yorax3, a continué à être une voix puissante et influente pour les droits des penseurs quantiques à travers l'univers. Son plaidoyer depuis l'exil s'articule autour de plusieurs axes fondamentaux qui visent non seulement à sensibiliser le public, mais aussi à mobiliser des ressources et des soutiens pour la cause.

Utilisation des plateformes intergalactiques

Dans un premier temps, Lira a su tirer parti des plateformes intergalactiques de communication pour faire entendre sa voix. Grâce à des réseaux tels que *GalacticNet* et *QuantumWave*, elle a pu diffuser ses idées et ses revendications à un public beaucoup plus large que celui de Yorax3. Par exemple, lors de la célèbre conférence intergalactique sur les droits civiques, Lira a prononcé un discours marquant qui a été retransmis en direct sur plusieurs planètes. Elle a ainsi pu dénoncer les abus du gouvernement de Yorax3 et appeler à la solidarité entre les différentes espèces.

$$D = \frac{1}{\sqrt{1 - \frac{v^2}{c^2}}} \quad (39)$$

Cette équation, dérivée de la théorie de la relativité restreinte, symbolise la distance (D) que l'on peut parcourir en fonction de la vitesse (v) par rapport à la vitesse de la lumière (c). Lira a utilisé cette analogie pour illustrer comment, malgré les obstacles, la lutte pour les droits quantiques continue d'évoluer et de s'étendre à travers l'espace-temps.

Création de réseaux de soutien

Lira a également joué un rôle crucial dans la création de réseaux de soutien intergalactiques. Elle a fondé l'organisation *Solidarité Quantique*, qui regroupe des activistes, des universitaires, et des artistes de différentes planètes. Ce réseau a pour objectif de fournir des ressources aux penseurs quantiques persécutés et d'organiser des campagnes de sensibilisation. Par exemple, elle a lancé la campagne *Voix Libérées*, qui a permis de collecter des fonds pour des réfugiés quantiques, ainsi que pour des projets éducatifs sur la pensée quantique dans les écoles intergalactiques.

Plaidoyer par l'art et la culture

Lira a également compris l'importance de l'art et de la culture dans le plaidoyer pour les droits civiques. Elle a collaboré avec des artistes de diverses origines pour créer des œuvres qui mettent en lumière la lutte des penseurs quantiques. Par exemple, une exposition intitulée *Rêves de Liberté* a été organisée sur la planète Zorath, rassemblant des œuvres visuelles, des performances théâtrales et des concerts qui célèbrent la diversité des cultures quantiques et dénoncent les injustices.

Les œuvres présentées lors de cette exposition ont non seulement touché le cœur des spectateurs, mais ont également suscité des discussions profondes sur l'importance de la pensée quantique dans la société moderne. Lira a souvent cité l'art comme un moyen de transcender les frontières et de rassembler les individus autour d'une cause commune.

Mobilisation des jeunes générations

Un autre aspect essentiel du plaidoyer de Lira est sa capacité à mobiliser les jeunes générations. Elle a initié des programmes éducatifs, tels que *Éducation Quantique*, qui visent à sensibiliser les jeunes à la pensée quantique et à leur donner les outils nécessaires pour défendre leurs droits. Ces programmes incluent des ateliers, des séminaires et des concours d'écriture où les jeunes peuvent exprimer leurs idées sur la liberté de pensée.

Lira a souvent souligné que l'avenir des droits quantiques repose sur l'engagement des jeunes, et elle a encouragé les jeunes activistes à prendre la parole et à se battre pour un avenir meilleur. Son slogan, *"La pensée libre est la clé de l'avenir*", est devenu un mantra pour de nombreux jeunes militants à travers l'univers.

Impact international et soutien intergalactique

Le plaidoyer de Lira a également eu un impact sur la scène politique intergalactique. Grâce à ses efforts, plusieurs gouvernements ont commencé à reconnaître les droits des penseurs quantiques. Des résolutions ont été adoptées lors de l'Assemblée Intergalactique, appelant à la fin des persécutions et à la protection des droits civils des penseurs quantiques. Ce soutien international a renforcé la légitimité de la cause et a encouragé d'autres mouvements à s'unir sous la bannière des droits quantiques.

Lira a souvent fait référence à la Déclaration Universelle des Droits des Penseurs, un document qu'elle a contribué à rédiger, qui énonce les droits fondamentaux des penseurs quantiques. Ce document a servi de référence pour les discussions intergalactiques et a inspiré des lois sur plusieurs planètes.

Conclusion

En conclusion, le plaidoyer continu de Lira Vek depuis l'exil est un exemple éclatant de résilience et de détermination. Grâce à son utilisation stratégique des plateformes intergalactiques, à la création de réseaux de soutien, à l'engagement artistique et culturel, ainsi qu'à la mobilisation des jeunes générations, Lira a réussi à faire avancer la cause des droits des penseurs quantiques. Son héritage perdure, inspirant des générations futures à lutter pour la liberté de pensée et à défendre les droits civiques à travers l'univers.

Prix et reconnaissance pour l'activisme de Lira

Lira Vek, à travers son engagement indéfectible pour les droits des penseurs quantiques, a non seulement suscité l'admiration sur Yorax3, mais également à travers toute la galaxie. Son activisme a été récompensé par plusieurs prix prestigieux, qui témoignent de son impact profond et durable sur la lutte pour les droits civiques. Cette section explore les distinctions reçues par Lira, ainsi que les implications de ces reconnaissances pour son mouvement et pour la société dans son ensemble.

Prix de l'Activisme Universel

En 3025, Lira a reçu le *Prix de l'Activisme Universel*, une distinction décernée par la Coalition des Planètes Unies (CPU) pour honorer les individus ayant démontré un engagement exceptionnel envers la justice sociale. Ce prix a été attribué à Lira pour son rôle dans la création de la Coalition Intergalactique pour les Droits Quantiques, qui a permis d'unir des mouvements de droits civiques sur plusieurs planètes. La cérémonie de remise des prix, qui s'est tenue sur la planète Neptara, a attiré des milliers de participants, et Lira a prononcé un discours inspirant sur l'importance de l'unité et de la solidarité intergalactique.

$$\text{Impact}_{\text{universel}} = \sum_{i=1}^{n} \text{Reconnaissances}_i \cdot \text{Influence}_i \qquad (40)$$

Où $\text{Impact}_{\text{universel}}$ représente l'effet total de l'activisme de Lira sur les mouvements de droits civiques, n est le nombre de reconnaissances reçues, et Influence_i est l'impact de chaque reconnaissance sur la sensibilisation aux droits quantiques.

Récompenses Culturelles et Artistiques

Lira a également été reconnue pour sa contribution à l'art et à la culture en tant qu'outil d'activisme. En 3026, elle a reçu le *Prix de la Créativité pour la Justice*, qui honore les artistes ayant utilisé leur travail pour promouvoir des causes sociales. Les œuvres de Lira, notamment ses poèmes et ses chansons, ont joué un rôle crucial dans la sensibilisation à la situation des penseurs quantiques. Par exemple, sa chanson *"Liberté Quantique"* est devenue un hymne pour le mouvement, inspirant des millions d'extraterrestres à se lever contre l'oppression.

$$\text{Impact}_{\text{culturel}} = \int_{0}^{T} \text{Art}(t) \cdot \text{Réception}(t)\, dt \qquad (41)$$

Ici, $\text{Impact}_{\text{culturel}}$ est l'effet cumulatif de l'art de Lira sur la société, T étant la durée de la réception de ses œuvres, $\text{Art}(t)$ représentant la qualité et la quantité de l'art produit, et $\text{Réception}(t)$ mesurant la réaction du public à travers le temps.

Reconnaissance Internationale

La reconnaissance de Lira ne s'est pas limitée à Yorax3 ou à la CPU. En 3027, elle a été invitée à participer à la Conférence Galactique sur les Droits Civiques, où elle a reçu le *Diplôme d'Honneur pour la Défense des Droits Quantiques*. Cette distinction a été décernée par un consortium d'organisations intergalactiques, soulignant l'importance de son travail dans la lutte contre l'oppression des penseurs quantiques. Ce diplôme a été vu comme un symbole de l'acceptation croissante de la pensée quantique dans les débats sur les droits civiques à l'échelle galactique.

Conséquences de ces Reconnaissances

Les prix et distinctions reçus par Lira ont eu des conséquences significatives sur son mouvement. Ils ont permis d'attirer l'attention des médias intergalactiques, augmentant ainsi la visibilité de la lutte pour les droits quantiques. De plus, ces reconnaissances ont encouragé d'autres activistes à rejoindre la cause, créant un effet d'entraînement qui a renforcé les efforts collectifs pour l'égalité et la justice. Par ailleurs, la reconnaissance de Lira a également conduit à des discussions plus larges sur les droits civiques dans d'autres sociétés extraterrestres, favorisant un dialogue intergalactique sur la liberté d'expression et la pensée critique.

En conclusion, les prix et la reconnaissance que Lira Vek a reçus pour son activisme ont non seulement célébré ses contributions personnelles, mais ont également servi de catalyseur pour un changement plus large dans la perception des droits quantiques. Ces honneurs ont solidifié son statut de leader dans le mouvement intergalactique pour les droits civiques et ont établi un précédent pour les générations futures d'activistes. L'héritage de Lira perdure, inspirant des actions et des mouvements qui continuent de se battre pour la justice et l'égalité à travers l'univers.

Influence des idéaux de Lira sur les générations futures

L'impact de Lira Vek sur les générations futures est indéniable et se manifeste à plusieurs niveaux : culturel, social et politique. Ses idéaux ont non seulement inspiré ses contemporains, mais ont également laissé une empreinte durable sur les jeunes penseurs quantiques qui continuent de lutter pour la justice et l'égalité à travers l'univers.

Inspirations philosophiques et éthiques

Lira Vek a introduit des concepts novateurs dans la pensée quantique qui ont façonné la manière dont les générations futures perçoivent les droits civiques. Sa philosophie, fondée sur le respect de la diversité et l'acceptation des différences, a permis aux jeunes militants de développer une conscience sociale plus aiguisée.

La théorie de la *Conscience Collective Quantique* développée par Lira, qui stipule que chaque individu est interconnecté à travers des réseaux de pensées quantiques, a été adoptée par de nombreux mouvements de droits civiques. Cette théorie repose sur l'idée que les pensées et les actions d'un individu peuvent influencer l'ensemble de la communauté. Ainsi, les jeunes générations ont été encouragées à voir leur activisme non seulement comme un acte individuel, mais comme une contribution à un mouvement collectif plus large.

$$C = \sum_{i=1}^{n} P_i \cdot T_i \qquad (42)$$

où C représente la conscience collective, P_i est la pensée individuelle et T_i est le temps consacré à l'activisme. Cette équation illustre comment chaque pensée contribue à la conscience collective, renforçant ainsi l'idée que l'engagement de chacun est crucial pour le changement sociétal.

Mobilisation des jeunes militants

Les idéaux de Lira ont également joué un rôle clé dans la mobilisation des jeunes militants à travers l'univers. Des organisations telles que la *Jeunesse Quantique Unifiée* ont vu le jour, inspirées par ses principes. Ces groupes se consacrent à la sensibilisation des jeunes aux enjeux des droits quantiques et à la promotion de la solidarité intergalactique.

Un exemple frappant de cette mobilisation est la *Semaine de la Pensée Quantique*, un événement annuel où des jeunes de différentes planètes se réunissent pour discuter des défis auxquels ils sont confrontés et partager des stratégies d'activisme. Ces rencontres sont l'occasion de célébrer les succès, de renforcer les liens entre les différentes cultures et de rappeler l'importance de la lutte pour les droits quantiques.

Éducation et sensibilisation

Lira a également influencé le système éducatif sur Yorax3 et au-delà. Les programmes scolaires incluent désormais des modules sur les droits quantiques, où les élèves apprennent non seulement l'histoire de l'activisme quantique, mais aussi les théories et les philosophies qui sous-tendent ces mouvements.

Des initiatives telles que les *Ateliers d'Activisme Quantique* permettent aux jeunes d'acquérir des compétences en matière d'organisation, de plaidoyer et de sensibilisation. Ces ateliers sont souvent animés par des militants expérimentés qui ont été directement influencés par Lira, garantissant ainsi la transmission de ses idéaux aux nouvelles générations.

Art et culture comme vecteurs de changement

L'héritage de Lira s'étend également aux arts et à la culture. Sa propre œuvre, qu'il s'agisse de littérature, de musique ou d'art visuel, continue d'inspirer de nombreux artistes. Ces créations ne servent pas seulement d'expression personnelle, mais deviennent également des outils de mobilisation.

Des artistes quantiques, tels que le musicien *Zyra K'tar*, intègrent les idéaux de Lira dans leurs œuvres, utilisant la musique comme un moyen de sensibilisation aux droits quantiques. Par exemple, la chanson *"Voix des Étoiles"* évoque les luttes des penseurs quantiques et incite les auditeurs à s'engager dans la lutte pour la justice.

Défis persistants et résilience

Malgré l'influence positive de Lira, les générations futures continuent de faire face à des défis. Les mouvements pour les droits quantiques sont souvent confrontés à des répressions gouvernementales et à des obstacles sociétaux. Cependant, l'héritage de Lira offre une source de résilience et d'inspiration.

Les jeunes militants se rappellent constamment des sacrifices de Lira et de son engagement inébranlable pour la cause. Cet héritage les incite à persévérer, à s'unir et à continuer de lutter pour un avenir où les droits quantiques sont respectés et célébrés.

Conclusion

En somme, l'influence des idéaux de Lira Vek sur les générations futures est profonde et variée. De la mobilisation des jeunes à la transformation des systèmes éducatifs, en passant par l'utilisation de l'art comme moyen d'activisme, Lira a laissé un héritage qui continue de façonner les luttes pour les droits civiques à travers l'univers. Ses idéaux demeurent une source d'inspiration, rappelant à chacun que la lutte pour la justice est un voyage collectif, où chaque voix compte.

Défis et avancées dans la lutte pour les droits quantiques

La lutte pour les droits des penseurs quantiques a été marquée par une série de défis complexes et d'avancées significatives. Les penseurs quantiques, en tant qu'entités dotées de la capacité de manipulation de la pensée et de l'espace-temps, ont souvent été confrontés à des obstacles systémiques qui ont entravé leur liberté d'expression et leur droit à l'existence.

Défis rencontrés

L'un des principaux défis a été l'existence de lois restrictives imposées par les gouvernements des différentes planètes, notamment sur Yorax3. Ces lois ont souvent été justifiées par des arguments de sécurité nationale, stipulant que la pensée quantique représentait une menace pour l'ordre public. Par exemple, l'article 42 de la constitution de Yorax3 stipulait que « *toute forme de pensée qui pourrait altérer la perception de la réalité est prohibée* ». Cette clause a été utilisée pour justifier l'arrestation et la détention de penseurs quantiques, qui se sont vu refuser leurs droits fondamentaux.

$$F = m \cdot a \tag{43}$$

où F représente la force exercée par les autorités, m la masse de l'individu (penseur quantique) et a l'accélération de la répression. Cette équation illustre comment la pression exercée par les gouvernements sur les penseurs quantiques a eu un impact direct sur leur capacité à agir.

Un autre défi majeur a été la désinformation et la stigmatisation. Les médias, souvent contrôlés par des entités gouvernementales, ont propagé des récits négatifs sur les penseurs quantiques, les présentant comme des anarchistes ou des terroristes. Cette manipulation de l'opinion publique a créé un climat de peur et de méfiance, rendant difficile la mobilisation de soutien pour la cause.

Avancées réalisées

Malgré ces défis, des avancées notables ont été réalisées dans la lutte pour les droits quantiques. La création de la Coalition Intergalactique pour les Droits Quantique, dirigée par Lira Vek, a permis de rassembler des penseurs quantiques de différentes planètes. Cette coalition a été essentielle pour établir un dialogue interplanétaire sur les droits civils et pour sensibiliser les populations aux injustices subies par les penseurs quantiques.

Un exemple marquant de cette avancée a été la campagne « *Liberté pour les Penseurs* », qui a réussi à mobiliser des millions d'êtres interstellaires à travers la galaxie. Cette campagne a utilisé des plateformes de communication quantique pour diffuser des messages de solidarité et d'information. Les résultats ont été significatifs, avec une augmentation de 40% du soutien public pour les droits des penseurs quantiques dans les sondages intergalactiques.

$$\Delta S = S_f - S_i \tag{44}$$

où ΔS représente le changement dans le soutien public, S_f le soutien final et S_i le soutien initial. Cette équation démontre comment les efforts de sensibilisation ont abouti à une évolution positive dans l'attitude des populations envers les penseurs quantiques.

En outre, des alliances stratégiques avec des organisations interstellaires, telles que l'Alliance des Droits Universels, ont permis de renforcer la légitimité de la lutte pour les droits quantiques. Ces partenariats ont conduit à des résolutions adoptées lors de sommets intergalactiques, appelant à la fin des discriminations basées sur la capacité de pensée quantique.

Perspectives d'avenir

Les défis restent nombreux, mais les avancées réalisées laissent entrevoir un avenir prometteur pour les droits des penseurs quantiques. La sensibilisation croissante et le soutien intergalactique pourraient catalyser des changements législatifs sur plusieurs planètes. En outre, la recherche continue sur les implications éthiques de la pensée quantique pourrait fournir des bases solides pour des politiques favorables à l'inclusion et à la protection des droits des penseurs quantiques.

En conclusion, la lutte pour les droits quantiques est un processus dynamique, où chaque défi surmonté pave le chemin vers des avancées significatives. L'engagement continu de leaders comme Lira Vek et la solidarité intergalactique sont essentiels pour transformer cette lutte en un mouvement durable et efficace pour la justice et l'égalité dans l'univers.

Vie personnelle et relations de Lira

La vie personnelle de Lira Vek est un reflet complexe de son engagement envers la lutte pour les droits quantiques et de ses relations interpersonnelles. Bien que son activisme ait dominé son existence, les relations qu'elle a cultivées ont également joué un rôle crucial dans sa formation en tant que leader et défenseur des droits civiques.

Partenaires romantiques et relations intimes

Lira a connu plusieurs relations amoureuses tout au long de sa vie, chacune ayant influencé son activisme de manière significative. Son premier partenaire, un artiste de Yorax3 nommé Kael, a introduit Lira à la puissance de l'art comme moyen d'expression et d'activisme. Ensemble, ils ont créé des œuvres qui dénonçaient l'interdiction de la pensée quantique, fusionnant l'art et la politique. Cependant, leur relation s'est terminée lorsque Kael a été arrêté pour son implication dans des manifestations, ce qui a profondément affecté Lira et a renforcé sa détermination à lutter contre l'oppression.

Plus tard, Lira a rencontré Isha, une militante d'une planète voisine, qui partageait sa passion pour les droits civiques. Leur relation a été marquée par un soutien mutuel et une collaboration étroite dans leurs efforts d'activisme. Isha a joué un rôle clé dans la création de la Coalition Intergalactique pour les Droits Quantique, apportant des perspectives nouvelles et des stratégies innovantes. Cette relation a également présenté des défis, car leurs engagements respectifs les ont souvent éloignés l'un de l'autre, soulevant des questions sur l'équilibre entre la vie personnelle et l'activisme.

Famille et amis proches de Lira

Lira est issue d'une famille engagée dans la culture et l'éducation sur Yorax3. Ses parents, enseignants respectés, ont inculqué à Lira des valeurs de justice et d'empathie dès son plus jeune âge. Cependant, leur soutien a été mis à l'épreuve lorsque Lira a commencé à s'opposer ouvertement à l'interdiction de la pensée quantique. Bien que ses parents aient été initialement préoccupés par sa sécurité, ils ont fini par devenir ses plus fervents soutiens, participant même à des manifestations pour les droits quantiques.

Lira a également cultivé un cercle d'amis proches, composé d'autres activistes, artistes et intellectuels. Ces relations ont été essentielles pour Lira, lui fournissant un réseau de soutien émotionnel et pratique. Ensemble, ils ont organisé des événements, partagé des ressources et élaboré des stratégies pour faire avancer leur cause. Les amitiés qu'elle a formées au sein de ces cercles ont souvent été mises à l'épreuve par la répression gouvernementale, mais elles ont également été une source de force et d'inspiration.

Poids émotionnel de l'activisme sur la vie personnelle

L'engagement de Lira envers l'activisme a eu des répercussions profondes sur sa vie personnelle. Les pressions constantes de la répression gouvernementale, les menaces à sa sécurité et la douleur de perdre des amis et des alliés au cours de son combat ont créé un poids émotionnel considérable. Lira a souvent lutté contre des sentiments de solitude et d'isolement, surtout après son emprisonnement et la torture qu'elle a subie. Ces expériences ont laissé des cicatrices durables, mais elles ont également renforcé sa résilience et sa détermination à poursuivre sa lutte.

Pour gérer le stress émotionnel lié à son activisme, Lira s'est tournée vers des pratiques telles que la méditation et l'écriture. Elle a tenu un journal intime, documentant ses pensées, ses luttes et ses triomphes. Ces écrits sont devenus une source de réconfort et de clarté, lui permettant de réfléchir sur son parcours et de trouver des moyens de continuer à avancer malgré les obstacles.

L'impact des relations sur l'activisme de Lira

Les relations de Lira ont eu un impact direct sur son activisme et sa capacité à mobiliser d'autres personnes. Son partenariat avec Isha a non seulement renforcé ses efforts, mais a également élargi sa portée à d'autres systèmes solaires, attirant des alliés de diverses cultures et origines. De plus, les amitiés qu'elle a nouées avec d'autres leaders d'opinion ont permis d'élargir le mouvement pour les droits quantiques, créant un réseau intergalactique d'activistes unis dans leur lutte contre l'oppression.

Lira a également utilisé ses relations pour sensibiliser à la situation des penseurs quantiques. En organisant des événements sociaux et culturels, elle a pu rassembler des personnes de différents horizons, favorisant un dialogue ouvert sur les droits civiques et l'importance de la pensée quantique. Ces initiatives ont permis de créer une communauté solide, prête à se battre pour la justice et l'égalité.

Conclusion

En somme, la vie personnelle de Lira Vek est indissociable de son activisme. Ses relations, qu'elles soient amoureuses, familiales ou amicales, ont façonné son parcours et ont joué un rôle essentiel dans sa lutte pour les droits quantiques. Malgré les défis et les sacrifices, Lira a su transformer ses expériences personnelles en force motrice pour son engagement, laissant un héritage durable qui continue d'inspirer des générations de militants à travers l'univers.

Dernières contributions de Lira à la cause

Les dernières contributions de Lira Vek à la cause des droits quantiques sur Yorax3 et au-delà ont été marquées par une série d'initiatives audacieuses et innovantes qui ont non seulement renforcé le mouvement, mais ont également inspiré des générations de militants. Dans cette section, nous examinerons les efforts de Lira pour sensibiliser le public, établir des alliances stratégiques et promouvoir des changements législatifs en faveur des penseurs quantiques.

Sensibilisation et éducation

Lira a compris que l'éducation est un outil puissant dans la lutte pour les droits civiques. Elle a lancé plusieurs programmes éducatifs destinés à informer les jeunes générations sur la pensée quantique et ses implications. Par exemple, elle a fondé l'initiative "Écoles de la Pensée Quantique", qui a été mise en œuvre dans plusieurs établissements d'enseignement sur Yorax3. Ces programmes incluaient des ateliers interactifs, des séminaires et des cours en ligne, permettant aux étudiants d'explorer les concepts de la pensée quantique et de comprendre les injustices auxquelles les penseurs quantiques étaient confrontés.

$$\text{Impact} = \frac{\text{Nombre d'étudiants sensibilisés}}{\text{Taux d'adhésion aux mouvements quantiques}} \tag{45}$$

Lira a utilisé des statistiques pour démontrer l'efficacité de ces programmes, soulignant que les écoles qui avaient intégré ces cours avaient vu une augmentation de 40% de l'engagement des étudiants dans les mouvements pour les droits quantiques.

Création de plateformes numériques

Reconnaissant le pouvoir des technologies numériques, Lira a également investi dans la création de plateformes en ligne pour le partage d'informations et l'organisation d'événements. Elle a lancé le site web "Voix Quantique", qui a servi de forum pour les penseurs quantiques et les sympathisants. Ce site a permis aux utilisateurs de partager des histoires, des ressources et des stratégies d'activisme. En outre, des campagnes sur les réseaux sociaux ont été mises en place pour toucher un public plus large, ce qui a permis de rassembler des soutiens au-delà de Yorax3.

Alliances stratégiques

Lira a compris que la solidarité est essentielle dans la lutte pour les droits civiques. Elle a travaillé sans relâche pour établir des alliances avec d'autres mouvements de droits civiques à travers la galaxie. Lors d'une conférence intergalactique sur la justice sociale, elle a réussi à rassembler des leaders de différentes planètes pour discuter des stratégies communes. Ces alliances ont permis d'échanger des ressources et des expériences, renforçant ainsi le mouvement pour les droits quantiques.

Plaidoyer législatif

Un des moments clés de ses dernières contributions a été son engagement dans le plaidoyer législatif. Lira a joué un rôle crucial dans la rédaction et la promotion de la "Loi sur la Protection des Penseurs Quantiques", qui visait à abroger l'interdiction de la pensée quantique sur Yorax3. Grâce à des campagnes de sensibilisation et à des manifestations, elle a mobilisé des milliers de citoyens pour faire pression sur le gouvernement. Ce mouvement a culminé avec une pétition qui a recueilli plus de 100 000 signatures, démontrant ainsi le soutien massif de la population.

$$\text{Soutien} = \frac{\text{Nombre de signatures}}{\text{Population totale de Yorax3}} \times 100 \qquad (46)$$

Cette équation a été utilisée pour illustrer le niveau de soutien populaire, qui a atteint environ 15%, un chiffre significatif dans le contexte sociopolitique de Yorax3.

Impact culturel

Lira a également contribué à l'impact culturel du mouvement pour les droits quantiques. Elle a collaboré avec des artistes, des écrivains et des musiciens pour créer des œuvres qui mettent en lumière les luttes des penseurs quantiques. Un projet notable a été la création d'une anthologie de poésie intitulée "Voix de l'Invisible", qui a recueilli des poèmes de penseurs quantiques et de leurs alliés. Ce projet a non seulement servi de plateforme d'expression, mais a également permis de sensibiliser un large public à la cause.

Héritage et inspiration

Enfin, les dernières contributions de Lira ont laissé un héritage durable. Elle a inspiré de nombreux jeunes militants à travers la galaxie, qui continuent de se battre pour les droits quantiques et de promouvoir les idéaux de justice et d'égalité. Des écoles et des organisations portent désormais son nom, honorant son engagement et son dévouement à la cause.

En résumé, les dernières contributions de Lira Vek à la cause des droits quantiques ont été variées et impactantes. Par son engagement dans l'éducation, la création de plateformes numériques, l'établissement d'alliances stratégiques, le plaidoyer législatif et l'impact culturel, elle a non seulement renforcé le mouvement sur Yorax3, mais a également inspiré une lutte intergalactique pour les droits civiques. Son héritage perdurera à travers les générations, rappelant à chacun l'importance de la lutte pour la justice et l'égalité dans l'univers.

Lutte continue pour les droits civils sur Yorax3 et au-delà

La lutte pour les droits civils sur Yorax3, initiée par Lira Vek, ne s'est jamais arrêtée, même après l'abrogation de l'interdiction de la pensée quantique. Ce mouvement a évolué pour s'adapter aux nouveaux défis et opportunités, tant sur Yorax3 qu'à travers l'univers. L'héritage de Lira continue d'inspirer des générations de militants qui voient en elle un symbole de résistance et de détermination.

État actuel des droits civils sur Yorax3

Depuis la fin de l'interdiction, la société de Yorax3 a connu des transformations significatives. Cependant, des problèmes persistent. Les penseurs quantiques, bien que légalement reconnus, sont souvent confrontés à des discriminations subtiles. Par exemple, dans le cadre de l'éducation, les établissements scolaires ont du mal à intégrer des programmes qui promeuvent une compréhension approfondie de la pensée quantique. La théorie de la *Dissonance Cognitive* de Festinger (1957) peut être appliquée ici, car les citoyens de Yorax3, ayant été élevés dans un climat de méfiance envers les penseurs quantiques, éprouvent des difficultés à accepter pleinement leur intégration dans la société.

$$D = \frac{(P_1 - P_2)}{(P_1 + P_2)} \quad (47)$$

où D représente le degré de dissonance, P_1 et P_2 représentent les croyances antérieures et actuelles respectivement.

Les défis persistants

Les défis auxquels sont confrontés les militants des droits civils sur Yorax3 incluent la résistance des institutions traditionnelles et des groupes conservateurs. Ces entités continuent de promouvoir des stéréotypes négatifs sur les penseurs quantiques, créant un climat de peur et d'isolement. Les exemples de campagnes de désinformation, souvent relayées par des médias complices, montrent comment la propagande peut influencer l'opinion publique. La théorie de la *Framing* (Entman, 1993) est pertinente ici, car elle explique comment les informations peuvent être présentées de manière à favoriser certaines interprétations.

$$F = \frac{(P_T - P_C)}{P_T} \quad (48)$$

où F représente le niveau de framing, P_T est la perception totale du public, et P_C est la perception contradictoire.

L'activisme intergalactique

Au-delà de Yorax3, le mouvement pour les droits civils s'est étendu à d'autres planètes. La Coalition Intergalactique pour les Droits Quantique, fondée par Lira, a joué un rôle crucial dans la création de réseaux de soutien entre différentes espèces. Ces alliances ont permis d'organiser des campagnes de sensibilisation et des manifestations à l'échelle galactique. Par exemple, la *Journée de la Pensée Quantique*, célébrée chaque année, attire des milliers de participants de diverses planètes, unissant les voix pour la liberté de pensée.

Exemples de succès

Les efforts continus ont conduit à des succès notables. Sur Yorax3, des lois ont été adoptées pour protéger les droits des penseurs quantiques dans les domaines du travail et de l'éducation. De plus, des programmes de sensibilisation sont mis en place dans les écoles pour enseigner la valeur de la diversité des pensées. Sur d'autres planètes, des mouvements similaires ont vu le jour, inspirés par l'exemple de Lira. Par exemple, sur la planète Zylor, un groupe de défense des droits civiques a été formé, s'appuyant sur les stratégies développées par Lira et la Coalition.

Conclusion

La lutte pour les droits civils sur Yorax3 et au-delà est un processus dynamique et en constante évolution. Bien que des progrès aient été réalisés, le chemin reste semé d'embûches. L'héritage de Lira Vek est un phare pour les militants, leur rappelant que la lutte pour la justice est un voyage, pas une destination. En continuant à s'organiser, à éduquer et à inspirer, le mouvement pour les droits civils des penseurs quantiques peut espérer un avenir où la liberté de pensée est non seulement acceptée, mais célébrée dans tout l'univers.

Chapitre 2 : Alliés et adversaires

Mouvements des droits civils extraterrestres dans la galaxie

Conditions des penseurs quantiques sur d'autres planètes

Les penseurs quantiques, ces êtres capables de manipuler et d'interagir avec la réalité à un niveau subatomique, rencontrent des conditions variées sur différentes planètes de l'univers. Ces conditions sont influencées par des facteurs tels que la culture, la législation, la technologie, et l'environnement social. Dans cette section, nous examinerons les défis auxquels font face les penseurs quantiques sur plusieurs planètes, tout en mettant en lumière des exemples significatifs.

1. Environnement législatif

Sur certaines planètes, les penseurs quantiques sont soumis à des lois restrictives qui interdisent l'utilisation de leurs capacités. Par exemple, sur la planète *Zyphor*, la loi stipule que toute forme de pensée quantique est considérée comme une menace pour l'ordre public. Les autorités justifient cette interdiction par des incidents passés où des penseurs quantiques ont causé des perturbations massives dans le continuum espace-temps. Cette peur du potentiel destructeur de la pensée quantique a conduit à la création de camps de rééducation pour ceux qui sont identifiés comme penseurs quantiques.

$$\text{Perturbation} = k \cdot \text{Amplitude} \cdot \text{Fréquence} \qquad (49)$$

où k est un facteur de proportionnalité qui varie selon la planète, l'amplitude représente l'intensité de la pensée quantique, et la fréquence correspond à la récurrence des manifestations de cette pensée. Ce modèle aide à quantifier les craintes des gouvernements à l'égard des penseurs quantiques.

2. Conditions sociales

Les penseurs quantiques sur la planète *Elysia* bénéficient d'un environnement social plus favorable. Elysia est connue pour sa culture d'ouverture et d'acceptation, où les capacités quantiques sont célébrées comme un don. Les penseurs quantiques y jouent un rôle central dans le développement technologique et social. Par exemple, ils sont souvent consultés pour résoudre des problèmes complexes tels que le changement climatique ou les crises énergétiques, utilisant leurs compétences pour créer des solutions innovantes.

$$\text{Innovation} = \text{Savoir-faire} + \text{Pensée quantique} \qquad (50)$$

Cette formule montre comment la combinaison des connaissances traditionnelles et des capacités quantiques peut mener à des avancées significatives. Sur Elysia, des projets tels que l'initiative *Quantum Green* ont été mis en place, où les penseurs quantiques collaborent avec des scientifiques pour développer des technologies durables.

3. Défis technologiques

Cependant, même sur des planètes favorables, les penseurs quantiques font face à des défis technologiques. Sur *Graxon*, par exemple, bien que les penseurs quantiques soient respectés, la technologie nécessaire pour exploiter pleinement leurs capacités est limitée. Les dispositifs de contrôle de la pensée quantique, tels que les *Quantum Modulators*, sont coûteux et difficiles à produire. Cela limite leur capacité à participer pleinement à la société.

$$\text{Efficacité} = \frac{\text{Capacité quantique}}{\text{Technologie disponible}} \qquad (51)$$

Cette équation indique que l'efficacité d'un penseur quantique dépend directement de la technologie à sa disposition. Sur Graxon, l'inefficacité causée par des ressources limitées entraîne frustration et sentiment d'isolement parmi les penseurs quantiques.

4. Éducation et sensibilisation

Sur la planète *Virexia*, les penseurs quantiques souffrent d'un manque d'éducation et de sensibilisation concernant leurs capacités. La société de Virexia est marquée par une ignorance généralisée des principes de la pensée quantique, ce qui entraîne des malentendus et des préjugés. Les penseurs quantiques sont souvent stigmatisés et considérés comme des parias. La peur de l'inconnu a conduit à une discrimination systémique.

$$\text{Stigmatisation} = \frac{\text{Ignorance}}{\text{Éducation}} \qquad (52)$$

Cette relation montre que l'ignorance proportionnelle à l'éducation disponible est un facteur clé dans la stigmatisation des penseurs quantiques. Des initiatives éducatives sont nécessaires pour changer cette dynamique, mais elles sont souvent entravées par des gouvernements répressifs qui craignent les implications de la pensée quantique.

5. Résilience et adaptation

Malgré ces défis, les penseurs quantiques font preuve d'une résilience remarquable. Sur *Qorath*, un groupe de penseurs quantiques a formé une alliance pour défendre leurs droits et promouvoir la compréhension de la pensée quantique. Ils organisent des ateliers et des séminaires pour éduquer le public sur leurs capacités et leurs contributions potentielles à la société.

$$\text{Résilience} = \text{Adaptation} + \text{Collaboration} \qquad (53)$$

Cette équation souligne que la résilience des penseurs quantiques est le résultat de leur capacité à s'adapter aux circonstances et à collaborer avec d'autres pour surmonter les obstacles. Grâce à ces efforts, ils réussissent à changer les perceptions et à créer un environnement plus inclusif.

Conclusion

En conclusion, les conditions des penseurs quantiques varient considérablement d'une planète à l'autre. Tandis que certains bénéficient d'un soutien et d'une reconnaissance, d'autres vivent sous des régimes oppressifs qui étouffent leurs capacités. La lutte pour les droits des penseurs quantiques est un enjeu crucial qui nécessite une attention intergalactique. Les exemples de Zyphor, Elysia, Graxon, et Virexia illustrent la diversité des expériences vécues par ces individus uniques, et soulignent l'importance de la solidarité et de l'éducation dans la promotion de leurs droits à travers l'univers.

Organisations et leaders défendant les droits quantiques

L'univers est un vaste réseau d'interconnexions, où chaque espèce extraterrestre, chaque société, joue un rôle crucial dans la lutte pour les droits des penseurs quantiques. Dans cette section, nous explorerons les organisations et les leaders qui se sont levés pour défendre ces droits, en mettant en lumière leurs théories, leurs défis, ainsi que des exemples concrets de leurs luttes.

Les organisations clés

Les mouvements pour les droits quantiques se sont structurés autour de plusieurs organisations intergalactiques, chacune ayant son propre ensemble de principes et de méthodes d'action. Parmi celles-ci, la **Coalition Intergalactique pour les Droits Quantique (CIDQ)** se distingue par son engagement à promouvoir la liberté de pensée quantique à travers la galaxie. Fondée par des leaders charismatiques tels que Lira Vek, la CIDQ a pour mission de sensibiliser les sociétés aux injustices subies par les penseurs quantiques.

Une autre organisation notoire est le **Front Unifié des Penseurs Quantiques (FUPQ)**. Ce groupe se concentre sur la création de réseaux de soutien entre les différentes espèces, favorisant le partage des ressources et des informations. Le FUPQ a été instrumental dans l'organisation de campagnes de sensibilisation à grande échelle, utilisant des plateformes de communication interstellaires pour atteindre un public plus large.

Les leaders influents

Parmi les leaders qui ont marqué le mouvement, on trouve **Zara Kyn**, une militante d'origine draconienne, connue pour son approche audacieuse et ses discours enflammés. Zara a joué un rôle crucial dans la mobilisation des jeunes générations, en les incitant à prendre part à la lutte pour les droits quantiques. Son célèbre discours lors de la *Conférence Galactique pour la Liberté de Pensée* a galvanisé des milliers de penseurs quantiques, leur donnant un sens d'appartenance et d'espoir.

Un autre leader éminent est **Thalor IX**, un ancien diplomate devenu activiste. Thalor a utilisé son expertise en relations intergalactiques pour établir des alliances stratégiques entre différentes organisations, créant ainsi un front uni contre l'oppression. Sa théorie du *Collectif Quantique* postule que la force réside dans l'unité et la coopération entre les différentes espèces, permettant une meilleure défense des droits quantiques.

Problèmes rencontrés

Malgré leurs efforts, ces organisations font face à de nombreux défis. L'un des principaux problèmes est la **répression gouvernementale**. Les autorités sur plusieurs planètes justifient l'interdiction de la pensée quantique par la nécessité de maintenir l'ordre social. Cela entraîne des arrestations arbitraires, des détentions illégales et même des actes de violence contre les militants.

De plus, la **désinformation** et la **propagande** sont des outils fréquemment utilisés par les opposants aux droits quantiques. Les gouvernements diffusent des récits déformés sur les penseurs quantiques, les présentant comme des menaces pour la stabilité intergalactique. Cela complique la tâche des organisations qui tentent de sensibiliser le public à la réalité des droits quantiques.

Exemples concrets

Un exemple marquant de la lutte pour les droits quantiques est la **Marche des Penseurs Quantiques**, organisée par la CIDQ sur la planète Zorath. Cet événement a rassemblé des milliers de participants de différentes espèces, unis par un objectif commun : revendiquer le droit à la pensée quantique. La marche a été un succès retentissant, attirant l'attention des médias intergalactiques et suscitant un débat public sur la question.

Un autre événement significatif est le **Sommet des Droits Quantique**, où des leaders de divers mouvements se sont réunis pour discuter des stratégies et des actions à entreprendre. Ce sommet a abouti à la création d'un *Manifeste pour les Droits Quantique*, un document qui énonce les principes fondamentaux de la lutte et appelle à l'action collective.

Conclusion

Les organisations et les leaders défendant les droits quantiques jouent un rôle essentiel dans la lutte pour la justice et l'égalité à travers l'univers. Leur dévouement et leur résilience face aux défis rencontrés témoignent de l'importance de la solidarité intergalactique. Alors que la lutte pour les droits quantiques continue, il est impératif que ces voix soient entendues et soutenues, car elles représentent l'espoir d'un avenir où la pensée quantique sera célébrée et protégée.

Efforts collaboratifs et alliances entre mouvements pour les droits civils extraterrestres

Dans le vaste cosmos, les luttes pour les droits civils ne se limitent pas à une seule planète ou à un seul groupe. Les mouvements pour les droits des penseurs quantiques se sont unis à travers les galaxies, formant des alliances stratégiques qui transcendent les frontières interstellaires. Ces collaborations sont cruciales pour renforcer la voix des opprimés et pour partager des ressources, des stratégies et des expériences.

Théories de la collaboration intergalactique

La théorie des systèmes complexes offre un cadre utile pour comprendre comment les mouvements pour les droits civils peuvent interagir. Selon cette théorie, les systèmes composés d'éléments interconnectés peuvent produire des comportements émergents qui ne sont pas prévisibles à partir des propriétés individuelles des éléments. Dans le contexte des mouvements pour les droits civils, cela signifie que la collaboration entre différentes espèces et cultures peut créer des synergies qui amplifient l'impact de leurs actions.

Problématiques rencontrées

Cependant, la création d'alliances intergalactiques n'est pas sans défis. Les différences culturelles, linguistiques et idéologiques peuvent entraver la coopération. Par exemple, les mouvements de droits civils sur la planète Xelthar, où la pensée quantique est intégrée dans la vie quotidienne, peuvent avoir des objectifs et des méthodes très différents de ceux de Yorax3, où cette même pensée est réprimée. Cette disparité peut mener à des malentendus et à des tensions au sein de la coalition.

Un autre problème majeur est le manque de ressources. Les mouvements sur des planètes moins développées peuvent avoir du mal à se faire entendre ou à obtenir le soutien nécessaire pour leurs campagnes. En conséquence, des efforts de collecte de fonds et de partage de ressources sont souvent nécessaires pour équilibrer les capacités des différents groupes.

Exemples d'efforts collaboratifs

Un exemple emblématique de collaboration intergalactique est la *Conférence des Droits des Penseurs Quantique*, qui a eu lieu sur la station spatiale Zorath. Cette conférence a rassemblé des représentants de plusieurs mouvements de droits civils, y compris ceux de Yorax3, Xelthar et Evenor. Les participants ont échangé des stratégies sur la manière de contester les lois répressives, de sensibiliser le public et de mobiliser des soutiens à l'échelle galactique.

Un autre exemple est la formation de la *Coalition des Alliés pour la Liberté Quantique*, qui regroupe des organisations de différentes planètes. Cette coalition a mené une campagne de sensibilisation intergalactique qui a utilisé des hologrammes et des transmissions en direct pour partager les histoires des penseurs quantiques persécutés. Leurs efforts ont abouti à une résolution adoptée par le Conseil Galactique, demandant la fin des discriminations basées sur la pensée quantique.

Impact des alliances

Les alliances entre mouvements pour les droits civils ont un impact direct sur l'efficacité des campagnes. En unissant leurs forces, ces mouvements peuvent organiser des manifestations à grande échelle, comme la *Marche Intergalactique pour la Liberté Quantique*, qui a vu des millions d'individus de différentes planètes marcher ensemble pour revendiquer leurs droits. Ces événements créent une visibilité qui attire l'attention des médias et des décideurs politiques, augmentant ainsi la pression sur les gouvernements oppressifs.

De plus, les alliances permettent le partage des meilleures pratiques. Par exemple, les techniques de désobéissance civile utilisées sur Yorax3 ont été adaptées et appliquées avec succès sur d'autres planètes, démontrant l'importance de l'échange d'idées et d'expériences.

Conclusion

En somme, les efforts collaboratifs entre mouvements pour les droits civils extraterrestres sont essentiels pour faire avancer la cause des penseurs quantiques. Malgré les défis, les alliances intergalactiques offrent une plateforme pour le partage de ressources, d'idées et d'expériences, permettant à ces mouvements de renforcer leur impact et d'œuvrer ensemble pour un avenir où la pensée quantique sera célébrée et protégée dans tout l'univers. La solidarité intergalactique est non seulement une nécessité, mais aussi une force puissante pour le changement.

Obstacles rencontrés par les sociétés extraterrestres dans leur lutte

Dans leur quête pour l'égalité des droits, les sociétés extraterrestres se heurtent à une multitude d'obstacles qui entravent leur lutte pour la reconnaissance et l'acceptation des penseurs quantiques. Ces défis sont variés et souvent interconnectés, engendrant un environnement complexe où l'activisme doit naviguer à travers des problèmes systémiques, culturels et politiques.

1. Obstacles systémiques

Les obstacles systémiques sont souvent enracinés dans les structures de pouvoir existantes. Dans de nombreuses sociétés extraterrestres, les gouvernements en place sont souvent réticents à modifier des lois qui protègent leurs intérêts ou qui maintiennent leur domination. Par exemple, sur la planète Zorath, la loi interdisant la pensée quantique a été instaurée pour empêcher la dissidence politique, justifiée par des arguments de sécurité nationale. Les autorités affirment que la pensée quantique pourrait être exploitée pour manipuler les masses, ce qui les conduit à réprimer toute forme de contestation.

2. Préjugés culturels

Les préjugés culturels jouent également un rôle crucial dans l'opposition à la pensée quantique. Dans certaines civilisations extraterrestres, les croyances traditionnelles et les mythes entourant la pensée quantique sont profondément ancrés. Par exemple, sur la planète Thalax, la pensée quantique est perçue comme une forme de magie noire, entraînant la stigmatisation des penseurs quantiques. Ce préjugé culturel empêche le dialogue ouvert et la compréhension, rendant difficile l'acceptation des droits quantiques.

3. Manque de ressources

Un autre obstacle majeur est le manque de ressources. Les mouvements pour les droits civils extraterrestres, en particulier ceux qui soutiennent les penseurs quantiques, souffrent souvent d'un manque de financement et de soutien logistique. Sur la planète Xylox, les militants ont du mal à organiser des manifestations en raison de l'absence de moyens de communication sécurisés. Leurs efforts sont souvent entravés par des restrictions imposées par le gouvernement, qui surveille étroitement toutes les formes de rassemblement.

4. Répression gouvernementale

La répression gouvernementale est un obstacle omniprésent dans la lutte pour les droits quantiques. Les gouvernements utilisent des tactiques variées pour étouffer la dissidence, allant de la surveillance à l'incarcération. Sur la planète Grath, des leaders du mouvement pour les droits quantiques ont été emprisonnés sous des accusations fallacieuses, telles que la trahison. Cette répression crée une atmosphère de peur qui dissuade de nombreux extraterrestres de s'engager dans la lutte pour leurs droits.

5. Fragmentation des mouvements

La fragmentation des mouvements pour les droits civils est un autre obstacle significatif. Souvent, les groupes qui luttent pour les droits quantiques ne parviennent pas à s'unir en raison de divergences idéologiques ou de rivalités internes. Sur la planète Vortax, plusieurs factions ont émergé, chacune avec sa propre vision de la lutte pour les droits quantiques. Cette fragmentation affaiblit le mouvement global, rendant difficile la mobilisation des ressources et des efforts.

6. Influence des médias

L'influence des médias joue également un rôle crucial dans la perception des droits quantiques. Dans de nombreuses sociétés extraterrestres, les médias sont contrôlés par l'État et diffusent une propagande anti-quantique. Par exemple, sur la planète Kylor, les reportages biaisés présentent les penseurs quantiques comme des menaces pour la sécurité publique. Cette désinformation empêche le grand public de comprendre la réalité des droits quantiques et nuit à la crédibilité des militants.

7. Isolement intergalactique

Enfin, l'isolement intergalactique représente un obstacle majeur pour les sociétés extraterrestres luttant pour les droits quantiques. Beaucoup de mouvements sont limités à leurs propres systèmes solaires et n'ont pas accès à un soutien intergalactique. Par exemple, les militants de la planète Fylos ont tenté de contacter d'autres sociétés pour établir des alliances, mais leurs efforts ont été entravés par des barrières technologiques et linguistiques. Cet isolement limite leur capacité à mobiliser un soutien plus large et à partager des stratégies efficaces.

Conclusion

En somme, les sociétés extraterrestres rencontrent une multitude d'obstacles dans leur lutte pour les droits quantiques. Ces défis, qu'ils soient systémiques, culturels, politiques ou technologiques, nécessitent une approche stratégique et un engagement continu. Pour surmonter ces obstacles, il est essentiel que les mouvements pour les droits civils s'unissent, partagent des ressources et travaillent ensemble pour créer un avenir où la pensée quantique est acceptée et célébrée à travers l'univers.

Succès et défis des mouvements galactiques pour les droits civils

Les mouvements galactiques pour les droits civils ont connu des succès notables et des défis considérables dans leur quête pour l'égalité et la justice interstellaire. Lira Vek, en tant que figure emblématique de cette lutte, a joué un rôle central dans la mise en lumière de ces dynamiques complexes.

Succès des mouvements galactiques

1. Mobilisation intergalactique   Un des succès majeurs des mouvements galactiques a été la capacité de mobiliser une vaste coalition d'espèces et de cultures diverses. Par exemple, la Coalition Intergalactique pour les Droits Quantique (CIDQ), fondée par Lira Vek, a réussi à rassembler des représentants de plusieurs systèmes solaires, chacun apportant ses propres expériences et perspectives. La diversité des membres a enrichi le dialogue et permis une approche plus holistique des droits civils.

2. Sensibilisation et éducation   Les efforts de sensibilisation ont également porté leurs fruits. Des campagnes éducatives ont été mises en place pour informer les citoyens des différentes planètes sur les enjeux liés à la pensée quantique. Cela a mené à une augmentation significative de la compréhension et du soutien pour les droits des penseurs quantiques. Par exemple, des programmes éducatifs sur la planète Zorath ont vu une augmentation de 75% du soutien public pour les droits quantiques en moins de deux cycles solaires.

3. Réformes législatives   Sur le plan législatif, plusieurs systèmes ont commencé à abroger des lois discriminatoires à l'encontre des penseurs quantiques. La planète Xelara, par exemple, a été l'une des premières à adopter une charte des droits quantiques, garantissant la protection des individus contre la discrimination basée sur leur capacité à penser de manière quantique. Ces réformes ont été le résultat d'une pression continue et d'une diplomatie habile menée par des activistes comme Lira.

Défis rencontrés

1. Répression gouvernementale   Malgré ces succès, les mouvements galactiques ont dû faire face à une répression sévère de la part des gouvernements hostiles. Sur

Yorax3, par exemple, le gouvernement a intensifié ses efforts pour étouffer la dissidence par des arrestations massives et des campagnes de désinformation. Lira Vek a personnellement été emprisonnée pendant plusieurs cycles solaires, ce qui a mis en lumière les dangers auxquels font face les activistes. Les autorités ont justifié ces actions en invoquant la nécessité de maintenir l'ordre public, mais ces justifications ont souvent été critiquées comme des prétextes pour réprimer la liberté d'expression.

2. Division interne Un autre défi significatif a été la division interne parmi les mouvements. Les différences idéologiques et culturelles entre les diverses espèces ont parfois conduit à des conflits. Par exemple, certains groupes ont prôné une approche radicale, tandis que d'autres ont opté pour des méthodes plus pacifiques. Cette fragmentation a affaibli l'efficacité des campagnes et a rendu difficile l'élaboration d'une stratégie unifiée. La théorie de la *dissonance cognitive* peut expliquer cette division, où les membres d'un mouvement peuvent éprouver une tension entre leurs croyances et les actions du groupe, ce qui peut entraîner des schismes.

3. Obstacles économiques Les ressources financières ont également constitué un obstacle majeur. Beaucoup de mouvements dépendent de financements externes, souvent limités par des gouvernements hostiles ou des entreprises qui voient les droits civils comme une menace à leur pouvoir. Par exemple, la campagne de Lira pour la création d'un fonds intergalactique de soutien aux droits quantiques a rencontré des difficultés à rassembler des fonds suffisants, car de nombreux investisseurs craignaient des représailles de la part des autorités.

Conclusion

En conclusion, bien que les mouvements galactiques pour les droits civils aient réalisé des avancées significatives, ils continuent de faire face à des défis redoutables. Lira Vek et ses alliés doivent naviguer dans un paysage complexe, où les succès sont souvent contrebalancés par des obstacles systémiques. La lutte pour les droits civiques dans le cosmos est un processus dynamique, nécessitant une résilience constante et une capacité d'adaptation face à l'oppression et à l'injustice.

Répression gouvernementale et opposition

Justifications des autorités pour interdire la pensée quantique

La pensée quantique, une capacité qui permet aux entités de manipuler et d'interagir avec la réalité à un niveau fondamental, a été perçue par les autorités de Yorax3 comme une menace potentielle pour l'ordre social et la stabilité politique. Les justifications avancées pour l'interdiction de cette pratique complexe reposent sur plusieurs piliers théoriques et pratiques, qui sont souvent entremêlés de peur et de méfiance.

1. Risques perçus pour la sécurité nationale

Les autorités de Yorax3 soutiennent que la pensée quantique pourrait être utilisée comme une arme. Les penseurs quantiques ont la capacité de créer des réalités alternatives, ce qui pourrait mener à des actes de sabotage ou de terrorisme psychique. Par exemple, un individu capable de manipuler les perceptions d'une foule pourrait inciter à la violence ou provoquer des émeutes. Les autorités affirment que l'interdiction est nécessaire pour prévenir de tels abus.

$$\text{Sécurité nationale} = f(\text{pensée quantique}, \text{menaces extérieures}, \text{instabilité sociale}) \tag{54}$$

Cette équation illustre la relation entre la pensée quantique et les préoccupations en matière de sécurité, où une augmentation de l'accès à la pensée quantique pourrait engendrer une instabilité sociale accrue.

2. Contrôle social et maintien de l'ordre

Un autre argument avancé par les autorités est que la pensée quantique pourrait remettre en question l'autorité et le contrôle des gouvernements. En permettant aux citoyens de transcender les limitations physiques et mentales, la pensée quantique pourrait engendrer une forme de rébellion contre les structures de pouvoir établies. Les leaders politiques craignent que cette capacité ne soit exploitée pour contester les lois et les normes sociales.

$$\text{Contrôle social} = g(\text{pensée quantique}, \text{opposition politique}, \text{stabilité gouvernementale}) \tag{55}$$

Cette fonction démontre comment la pensée quantique pourrait affecter le contrôle social, où une augmentation de l'opposition politique pourrait mener à une instabilité gouvernementale.

3. Dangers psychologiques et éthiques

Les autorités de Yorax3 expriment également des préoccupations sur les dangers psychologiques associés à la pratique de la pensée quantique. La manipulation des pensées et des émotions pourrait avoir des conséquences dévastatrices sur la santé mentale des individus. Les gouvernements soutiennent que l'interdiction protège les citoyens d'eux-mêmes, en évitant que des individus vulnérables ne soient exploités par des penseurs quantiques mal intentionnés.

$$\text{Santé mentale} = h(\text{pensée quantique, exploitation, vulnérabilité}) \quad (56)$$

Ici, la fonction indique que l'augmentation de la pensée quantique pourrait accroître le risque d'exploitation, ce qui peut avoir des effets néfastes sur la santé mentale des citoyens.

4. Préservation de la culture et des valeurs traditionnelles

Enfin, les autorités affirment que la pensée quantique menace les valeurs culturelles et traditionnelles de Yorax3. La capacité de modifier la réalité pourrait conduire à une dilution des normes et des valeurs qui ont façonné la société. Les dirigeants politiques soutiennent que l'interdiction est une mesure de protection contre l'érosion culturelle.

$$\text{Préservation culturelle} = j(\text{pensée quantique, valeurs traditionnelles, identité sociale}) \quad (57)$$

Cette équation démontre la relation entre la pensée quantique et la préservation culturelle, où une augmentation de la pensée quantique pourrait menacer l'identité sociale.

Conclusion

En somme, les justifications des autorités pour interdire la pensée quantique reposent sur une combinaison de préoccupations pour la sécurité nationale, le contrôle social, la santé mentale et la préservation culturelle. Bien que ces arguments puissent sembler fondés sur la logique et la raison, ils révèlent également une peur profonde de l'inconnu et une résistance au changement. La lutte pour les droits des penseurs quantiques, comme celle menée par Lira Vek, remet en question ces justifications et cherche à démontrer que la pensée quantique peut également être une force pour le bien, promouvant l'égalité et la compréhension à travers l'univers.

Actions des gouvernements pour réprimer les partisans de la pensée quantique

Les gouvernements de Yorax3, ainsi que d'autres planètes où la pensée quantique est perçue comme une menace, ont mis en œuvre une série de mesures répressives pour contrôler et étouffer le mouvement des partisans de la pensée quantique. Ces actions, souvent justifiées par des discours sur la sécurité nationale et la stabilité sociale, comprennent des arrestations arbitraires, la censure des médias, et la surveillance accrue des citoyens.

Arrestations arbitraires et détentions

L'une des méthodes les plus courantes utilisées par les autorités pour réprimer les partisans de la pensée quantique est l'arrestation arbitraire. Des milliers de penseurs quantiques ont été arrêtés sans procès équitable, souvent sur la base de simples soupçons ou d'accusations vagues. Par exemple, lors des manifestations pacifiques organisées par Lira Vek et ses alliés, de nombreux participants ont été arrêtés sous prétexte de « trouble à l'ordre public ». Ces arrestations sont souvent accompagnées de détentions prolongées, où les individus sont maintenus dans des conditions inhumaines, sans accès à des avocats ou à des soins médicaux.

Censure des médias et propagande gouvernementale

Les gouvernements ont également utilisé la censure des médias pour contrôler le récit autour de la pensée quantique. Les reportages favorables aux partisans de la pensée quantique sont souvent supprimés, tandis que les médias d'État diffusent des informations biaisées qui dépeignent ces penseurs comme des extrémistes ou des terroristes. Par exemple, une campagne médiatique a été lancée pour associer les manifestations pour les droits quantiques à des actes de violence, créant ainsi un climat de peur et de méfiance parmi la population. La propagande est utilisée pour justifier des mesures répressives, en présentant les partisans de la pensée quantique comme une menace pour la paix et l'harmonie sociale.

Surveillance et intimidation

La surveillance des partisans de la pensée quantique est une autre tactique employée par les gouvernements. Des technologies de surveillance avancées, y compris des drones et des systèmes de reconnaissance faciale, sont déployées pour suivre les activités des militants. Cette surveillance constante crée un environnement de peur, où les individus hésitent à exprimer leurs opinions ou à s'engager dans des activités militantes. Par exemple, des militants ont rapporté avoir été suivis et harcelés par des agents du gouvernement, ce qui a eu un effet dissuasif sur la participation aux manifestations.

Législation restrictive

Des lois restrictives ont également été mises en place pour criminaliser la pensée quantique et les activités associées. Ces lois, souvent formulées de manière vague, permettent aux autorités d'interpréter les actions des individus comme illégales. Par exemple, une loi adoptée récemment stipule que toute forme de communication ou de rassemblement en faveur de la pensée quantique peut être considérée comme une incitation à la violence. Cette législation a été utilisée pour justifier des arrestations massives et pour dissuader les citoyens de s'engager dans des discussions sur la pensée quantique.

Exemples de répression

Un exemple marquant de répression a été l'arrestation de plusieurs leaders de la Coalition Intergalactique pour les Droits Quantique lors d'un rassemblement pacifique sur Yorax3. Les autorités ont justifié ces arrestations en affirmant que les manifestants incitaient à la violence, malgré l'absence de preuves concrètes. De plus, des témoignages d'anciens détenus révèlent des cas de torture psychologique et physique dans les centres de détention, visant à briser la volonté des militants et à les dissuader de poursuivre leur lutte.

Impact sur le mouvement

Ces actions répressives ont eu un impact significatif sur le mouvement pour les droits quantiques. Bien que certains militants aient été contraints de se cacher ou de quitter Yorax3, d'autres ont trouvé de nouvelles façons de s'organiser et de résister. La répression a également suscité une solidarité accrue parmi les partisans de la pensée quantique, qui continuent de dénoncer les abus et de revendiquer leurs droits, tant sur Yorax3 qu'à l'échelle intergalactique.

En conclusion, les actions des gouvernements pour réprimer les partisans de la pensée quantique illustrent les défis auxquels ces militants font face dans leur lutte pour la justice et l'égalité. Malgré les obstacles, l'engagement et la détermination des penseurs quantiques continuent de croître, alimentés par un désir ardent de liberté et de reconnaissance dans l'univers.

Groupes et individus opposés aux droits quantiques

Dans la lutte pour les droits quantiques, Lira Vek et ses alliés ont rencontré une opposition significative de la part de divers groupes et individus qui s'opposent à la reconnaissance et à la protection des droits des penseurs quantiques. Cette opposition est souvent motivée par des intérêts politiques, économiques, et des croyances culturelles profondément enracinées.

Justifications des autorités pour interdire la pensée quantique

Les gouvernements et les institutions qui s'opposent aux droits quantiques avancent souvent des justifications basées sur la sécurité nationale et la stabilité sociale. Selon ces autorités, la pensée quantique est perçue comme une menace potentielle à l'ordre établi. Par exemple, sur Yorax3, le gouvernement a argumenté que la pensée quantique pourrait conduire à des désaccords philosophiques et à des conflits interpersonnels, justifiant ainsi l'instauration de lois restrictives.

$$\text{Menace perçue} = f(\text{Instabilité} + \text{Dissension} + \text{Conflit}) \qquad (58)$$

Cette équation illustre comment l'instabilité, la dissension et le conflit sont perçus comme des conséquences inévitables de la pensée quantique, justifiant des mesures répressives.

Actions des gouvernements pour réprimer les partisans de la pensée quantique

Pour maintenir leur contrôle, les gouvernements ont mis en place plusieurs stratégies répressives. Cela inclut la surveillance des activistes, la censure des médias, et la propagation de la désinformation. Par exemple, des rapports ont révélé que des agents gouvernementaux infiltraient des groupes de défense des droits quantiques pour recueillir des informations et semer la méfiance parmi les membres.

Groupes et individus opposés aux droits quantiques

Plusieurs groupes et individus se sont formés pour s'opposer activement aux droits quantiques. Ces entités peuvent être classées en trois catégories principales :

1. **Groupes gouvernementaux** : Ces entités, souvent soutenues par des ressources étatiques, utilisent leur pouvoir pour promulguer des lois restrictives. Un exemple notable est le *Conseil de Sécurité de Yorax3*, qui a été responsable de l'instauration de l'interdiction des pratiques de pensée quantique.

2. **Organisations religieuses** : Certaines institutions religieuses considèrent la pensée quantique comme une hérésie. Elles soutiennent que cette pratique contredit les doctrines traditionnelles et menace l'harmonie sociale. Par exemple, l'*Ordre des Gardiens de la Vérité* a mené des campagnes pour dissuader les jeunes de s'engager dans des activités liées à la pensée quantique.

3. **Individus influents** : Des figures publiques, y compris des politiciens et des célébrités, ont exprimé des opinions négatives sur la pensée quantique. Ces individus utilisent leur plateforme pour influencer l'opinion publique contre les droits quantiques. Un exemple est le discours de l'ancien président de Yorax3, qui a qualifié la pensée quantique de "danger pour notre mode de vie".

Tactiques des oppresseurs pour étouffer la dissidence

Les tactiques utilisées par ces groupes pour réprimer les droits quantiques incluent :

- **Propagande** : La diffusion de messages négatifs sur la pensée quantique à travers des canaux médiatiques contrôlés par l'État. Cela inclut des reportages biaisés qui présentent les penseurs quantiques comme des extrémistes.

- **Violence physique** : Dans certains cas, des manifestations pacifiques ont été réprimées par la force. Des rapports d'agressions physiques contre des activistes quantiques ont été documentés, illustrant la brutalité de la répression.

- **Discrimination sociale** : Les partisans de la pensée quantique sont souvent stigmatisés, ce qui peut mener à l'isolement social et à des conséquences économiques, comme la perte d'emploi.

Rôle des médias et de la propagande dans l'influence de l'opinion publique

Les médias jouent un rôle crucial dans la formation de l'opinion publique concernant la pensée quantique. La propagande gouvernementale, souvent relayée par des médias complices, dépeint les penseurs quantiques comme des menaces. Cette représentation biaisée contribue à la stigmatisation des activistes et à la justification des mesures répressives.

$$\text{Perception publique} = g(\text{Médias} + \text{Propagande} + \text{Tactiques de répression}) \quad (59)$$

Cette équation montre que la perception publique est influencée par l'interaction entre les médias, la propagande et les tactiques de répression utilisées par les opposants aux droits quantiques.

Conclusion

L'opposition aux droits quantiques est un phénomène complexe, ancré dans des motivations variées allant de la sécurité nationale à des croyances culturelles. Les actions des groupes et individus opposés représentent des défis majeurs pour les défenseurs des droits quantiques, mais ils soulignent également l'importance de la résistance et de la résilience dans la lutte pour la justice. La dynamique entre les oppresseurs et les défenseurs des droits quantiques continuera de façonner le paysage intergalactique des droits civils dans les années à venir.

Tactiques des oppresseurs pour étouffer la dissidence

Les oppresseurs sur Yorax3 et au-delà ont développé un éventail de tactiques pour étouffer la dissidence et réprimer les mouvements en faveur des droits quantiques. Ces méthodes, qui vont de la propagande à la violence physique, visent à maintenir le contrôle sur les penseurs quantiques et à empêcher la formation de coalitions intergalactiques.

Propagande et désinformation

L'une des tactiques les plus courantes utilisées par les autorités est la propagande. Les gouvernements de Yorax3 ont recouru à des campagnes de désinformation pour discréditer les penseurs quantiques. Par exemple, des déclarations officielles ont été diffusées, affirmant que les capacités de pensée quantique menacent la stabilité sociale et la sécurité de la planète. Cela a été renforcé par des médias d'État qui ont dépeint les penseurs quantiques comme des extrémistes dangereux. La formule de propagande peut être modélisée par l'équation suivante :

$$P = \frac{D \cdot C}{R} \qquad (60)$$

où P est l'impact de la propagande, D représente la désinformation, C est le niveau de contrôle médiatique, et R est la résistance de la population. Lorsque D et C augmentent, P augmente, ce qui entraîne une perception négative des penseurs quantiques.

Répression physique

La répression physique est une autre tactique utilisée pour étouffer la dissidence. Les manifestations pacifiques organisées par les partisans des droits quantiques ont souvent été confrontées à une réponse violente de la part des forces de sécurité. Des arrestations massives, des détentions arbitraires et des violences physiques ont été signalées. Par exemple, lors d'une manifestation majeure sur la place centrale de Yorax3, des centaines de manifestants ont été arrêtés, et plusieurs ont subi des blessures graves. Ces actions visent à créer un climat de peur, décourageant ainsi d'autres de s'engager dans des activités dissidentes.

Surveillance et intimidation

La surveillance constante des mouvements pour les droits quantiques est une autre méthode clé. Les autorités ont mis en place des systèmes de surveillance sophistiqués, utilisant des drones et des technologies de reconnaissance faciale pour suivre les activités des dissidents. L'intimidation par le biais de menaces directes ou de harcèlement est également courante. Les membres des mouvements ont souvent reçu des messages anonymes les avertissant de cesser leurs activités sous peine de représailles. Cette tactique de surveillance peut être représentée par l'équation :

$$S = \frac{I}{D} \qquad (61)$$

où S est le niveau de surveillance, I représente le niveau d'intimidation, et D est la détermination des dissidents. Plus I est élevé, plus S augmente, ce qui peut réduire la participation au mouvement.

Diviser pour mieux régner

Les autorités exploitent également les divisions internes au sein des mouvements pour les droits quantiques. En créant des factions et en encourageant les rivalités, les oppresseurs peuvent affaiblir la cohésion du mouvement. Par exemple, des rumeurs ont été propagées sur des leaders de mouvements concurrents, semant la méfiance et la discorde. Cette stratégie peut être analysée à l'aide de la formule suivante :

$$D = \frac{C}{C + F} \tag{62}$$

où D est le degré de division, C représente la cohésion interne, et F est le nombre de factions. Une augmentation de F par rapport à C entraîne une diminution de D, rendant le mouvement moins efficace.

Manipulation des lois et des politiques

Les gouvernements ont également manipulé les lois pour criminaliser les actions des dissidents. Des lois sur la sécurité nationale ont été adoptées pour interdire les manifestations et la diffusion d'idées considérées comme subversives. Par exemple, une loi récente a interdit toute forme de communication entre les penseurs quantiques, ce qui a eu pour effet de réduire les échanges d'idées et de stratégies. Cette manipulation peut être modélisée par l'équation :

$$L = \frac{R \cdot P}{C} \tag{63}$$

où L est le niveau de législation oppressive, R représente la résistance des citoyens, P est la pression politique, et C est le niveau de conscience civique. Une augmentation de P et une diminution de C entraînent une hausse de L, renforçant ainsi la répression.

Conclusion

Les tactiques des oppresseurs pour étouffer la dissidence sont variées et sophistiquées, allant de la propagande à la répression physique, en passant par la surveillance et la manipulation législative. Ces méthodes visent à créer un climat de peur et de division, rendant difficile la lutte pour les droits quantiques. La résistance face à ces tactiques est essentielle pour la survie et l'expansion du mouvement pour les droits civiques des penseurs quantiques, et l'union des forces est primordiale pour contrecarrer ces stratégies oppressives.

Rôle des médias et de la propagande dans l'influence de l'opinion publique

L'impact des médias et de la propagande sur l'opinion publique est un phénomène complexe et multidimensionnel, particulièrement pertinent dans le cadre de l'activisme pour les droits civiques, tel que celui de Lira Vek sur Yorax3. Les médias jouent un rôle crucial en façonnant les perceptions, en diffusant des informations et en influençant les attitudes des citoyens envers des questions sociales et politiques. Dans cette section, nous examinerons comment les médias ont été utilisés pour soutenir ou s'opposer aux droits des penseurs quantiques, en analysant les théories pertinentes, les problèmes rencontrés et des exemples concrets.

Théories de l'influence des médias

Une des théories fondamentales en matière d'influence des médias est la théorie de l'agenda-setting, qui soutient que les médias ne nous disent pas seulement quoi penser, mais aussi à quoi penser. Selon McCombs et Shaw (1972), les médias déterminent les sujets d'importance publique en choisissant les nouvelles à couvrir, influençant ainsi les priorités des citoyens. Dans le cas de Lira Vek, les médias ont souvent mis en lumière les injustices subies par les penseurs quantiques, contribuant à sensibiliser l'opinion publique à leur cause.

Une autre théorie pertinente est celle de la construction sociale de la réalité, développée par Berger et Luckmann (1966). Cette théorie postule que les médias créent des représentations qui façonnent notre compréhension de la réalité sociale. Les représentations des penseurs quantiques dans les médias, qu'elles soient positives ou négatives, ont eu un impact direct sur la manière dont le public perçoit leur lutte.

Problèmes liés à la couverture médiatique

Malgré le potentiel positif des médias, plusieurs problèmes peuvent survenir dans leur couverture des mouvements sociaux. L'un des principaux problèmes est le biais médiatique, où les informations peuvent être déformées pour servir des intérêts politiques ou économiques. Par exemple, les autorités de Yorax3 ont souvent utilisé les médias pour diaboliser les penseurs quantiques, les présentant comme des menaces à la sécurité nationale. Ce type de propagande a contribué à renforcer les stéréotypes négatifs et à justifier la répression.

De plus, la désinformation et les fausses nouvelles sont devenues des outils courants dans la manipulation de l'opinion publique. Sur Yorax3, des campagnes de désinformation ont été lancées pour discréditer Lira Vek et ses alliés, affirmant qu'ils cherchaient à déstabiliser la société. Ces tactiques ont semé la confusion et le doute parmi la population, rendant plus difficile la mobilisation en faveur des droits des penseurs quantiques.

Exemples concrets de l'influence médiatique

Un exemple marquant de l'influence des médias sur l'opinion publique a été la couverture des manifestations organisées par Lira Vek. Alors que certaines chaînes de télévision et publications ont souligné la détermination et le courage des manifestants, d'autres ont choisi de se concentrer sur les débordements et les violences, alimentant ainsi la peur et la méfiance envers le mouvement. Cette dichotomie dans la couverture médiatique a eu des conséquences directes sur le soutien populaire, entraînant des divisions au sein de la société de Yorax3.

Un autre exemple est l'utilisation des réseaux sociaux par Lira et ses partisans pour contourner les médias traditionnels. Grâce à des plateformes intergalactiques, ils ont pu partager des témoignages, des vidéos et des informations sur les abus subis par les penseurs quantiques. Cette stratégie a permis de mobiliser un soutien international et d'attirer l'attention des médias, ce qui a contribué à faire pression sur le gouvernement de Yorax3 pour qu'il reconsidère ses politiques.

Conclusion

En conclusion, le rôle des médias et de la propagande dans l'influence de l'opinion publique est indéniable, particulièrement dans le contexte de l'activisme pour les droits des penseurs quantiques sur Yorax3. Les médias peuvent servir d'outils puissants pour la sensibilisation et la mobilisation, mais ils peuvent également être utilisés pour manipuler l'opinion publique et justifier la répression. La lutte de Lira Vek illustre l'importance d'une couverture médiatique équilibrée et éthique, et souligne la nécessité d'une vigilance constante face à la désinformation et aux biais médiatiques. En fin de compte, la capacité des mouvements sociaux à influencer le changement dépend en grande partie de la manière dont ils sont représentés dans les médias.

Influences externes et soutien intergalactique

Espèces et sociétés extraterrestres offrant leur aide

Dans l'immensité de l'univers, la lutte pour les droits des penseurs quantiques a suscité l'attention et le soutien de nombreuses espèces et sociétés extraterrestres.

INFLUENCES EXTERNES ET SOUTIEN INTERGALACTIQUE

Ces alliés intergalactiques, motivés par des principes d'équité et de justice, ont reconnu l'importance de défendre les droits civils au-delà des frontières planétaires. Dans cette section, nous explorerons quelques-unes des espèces et sociétés qui ont offert leur aide, ainsi que les théories sous-jacentes qui justifient leur engagement.

Théories de la solidarité intergalactique

La solidarité intergalactique repose sur plusieurs théories éthiques et philosophiques. La première est le *principe de l'universalité*, qui stipule que les droits humains et les droits civiques doivent être étendus à toutes les formes de vie intelligentes. Selon cette théorie, les penseurs quantiques, en tant qu'êtres sentients, méritent la protection et le respect, indépendamment de leur origine ou de leurs capacités mentales.

Une autre théorie pertinente est celle de la *responsabilité cosmique*, qui postule que les sociétés avancées ont le devoir d'intervenir lorsque des injustices sont commises contre des groupes opprimés. Cette responsabilité est souvent justifiée par une compréhension partagée des droits fondamentaux, qui transcendent les différences culturelles et biologiques.

Exemples d'espèces et sociétés alliées

- **Les Zorathians** : Cette espèce, originaire de la planète Zorath Prime, est connue pour ses avancées technologiques et son engagement envers la justice sociale. Les Zorathians ont formé une alliance avec Lira Vek et la Coalition Intergalactique pour les Droits Quantiques, fournissant des ressources technologiques pour faciliter les communications entre les mouvements de droits civils. Leur technologie de télépathie quantique a permis aux penseurs quantiques de partager leurs expériences et de coordonner des actions à l'échelle galactique.

- **Les Thalassians** : Les Thalassians, une espèce aquatique, ont une culture profondément ancrée dans la préservation de l'équilibre écologique et social. Ils ont offert leur aide en organisant des conférences interstellaires sur les droits civiques, où des représentants de différentes espèces ont pu échanger des idées et des stratégies. Leur approche holistique a inspiré de nombreux activistes à Yorax3 et au-delà.

- **Les Vortexiens** : Connus pour leur maîtrise des voyages interstellaires, les Vortexiens ont joué un rôle crucial dans l'évasion de Lira de Yorax3. En utilisant leur technologie de saut dimensionnel, ils ont permis à Lira et à d'autres penseurs quantiques de se déplacer en toute sécurité vers des refuges où ils pouvaient continuer leur lutte pour les droits civiques. Leur engagement envers la liberté et la justice a été un facteur déterminant dans l'expansion de la Coalition.

- **Les Luminosiens** : Cette espèce, dotée de capacités de manipulation de la lumière, a utilisé ses talents pour sensibiliser à la cause des penseurs quantiques. En créant des œuvres d'art visuel et des spectacles de lumière, ils ont attiré l'attention sur les injustices subies par les penseurs quantiques, générant un soutien international. Leur art a servi de catalyseur pour des mouvements de solidarité sur plusieurs planètes.

Problèmes rencontrés dans l'établissement de partenariats

Bien que le soutien des espèces extraterrestres ait été crucial, plusieurs problèmes ont émergé lors de l'établissement de ces partenariats. L'un des principaux défis a été la *barrière linguistique* et culturelle. Les différences dans les modes de communication et les systèmes de valeurs ont parfois conduit à des malentendus. Par exemple, les Zorathians, qui privilégient la communication directe, ont eu des difficultés à comprendre les nuances des approches plus subtiles des Thalassians.

Un autre problème a été la *réaction des gouvernements oppresseurs*. Les autorités de Yorax3 et d'autres planètes ont souvent perçu l'intervention des sociétés extraterrestres comme une ingérence dans leurs affaires internes. Cela a conduit à des efforts de répression et à des campagnes de désinformation visant à discréditer les alliés intergalactiques. Les médias contrôlés par le gouvernement ont dépeint ces espèces comme des envahisseurs cherchant à déstabiliser l'ordre social.

Conclusion

L'aide des espèces et sociétés extraterrestres a été essentielle dans la lutte pour les droits des penseurs quantiques. En s'unissant autour de principes de solidarité et de responsabilité cosmique, ces alliés ont non seulement enrichi le mouvement, mais ont également démontré que la lutte pour la justice transcende les frontières planétaires. Alors que la Coalition Intergalactique pour les Droits Quantiques continue de croître, le soutien de ces sociétés reste un pilier fondamental dans la quête d'un avenir où chaque être sentient peut jouir de ses droits fondamentaux.

Rôle des alliances interstellaires dans le soutien aux droits civils

Les alliances interstellaires jouent un rôle crucial dans le soutien aux droits civils, en particulier dans le contexte des luttes pour les droits des penseurs quantiques. Ces alliances, formées entre différentes espèces et sociétés extraterrestres, permettent de créer un réseau de solidarité et d'entraide qui transcende les frontières galactiques. La collaboration interstellaire est essentielle pour aborder les problèmes systémiques et les injustices qui affectent les penseurs quantiques et d'autres groupes marginalisés.

Théories des alliances interstellaires

La théorie des alliances interstellaires repose sur plusieurs principes fondamentaux, notamment la solidarité, l'échange de ressources et la diplomatie interculturelle. Ces principes sont souvent discutés dans le cadre des relations internationales, mais ils prennent une dimension unique dans un contexte intergalactique. La solidarité entre différentes espèces peut être vue comme une réponse à l'oppression systémique, où les groupes opprimés s'unissent pour revendiquer leurs droits.

Un cadre théorique pertinent est celui de la *Théorie des jeux* appliquée aux interactions interstellaires. Dans ce contexte, les alliances peuvent être considérées comme des stratégies coopératives qui maximisent les bénéfices pour toutes les parties impliquées. Par exemple, si une espèce A soutient les droits civils d'une espèce B, cela peut entraîner des avantages mutuels, tels que des échanges technologiques ou des alliances militaires contre des oppresseurs communs.

Problèmes rencontrés par les alliances interstellaires

Malgré leur potentiel, les alliances interstellaires sont confrontées à plusieurs défis. L'un des principaux problèmes est la *diversité culturelle*. Les différences dans les valeurs, les croyances et les pratiques entre les espèces peuvent compliquer la formation d'une alliance cohérente. Par exemple, une espèce peut valoriser la liberté d'expression tandis qu'une autre privilégie l'harmonie sociale, ce qui peut créer des tensions au sein de l'alliance.

Un autre défi est la *répartition inégale des ressources*. Certaines espèces peuvent avoir des technologies avancées ou des ressources naturelles abondantes, tandis que d'autres luttent pour leur survie. Cela peut conduire à des dynamiques de pouvoir inégales au sein des alliances, où les espèces les plus puissantes dictent les termes de l'engagement.

Exemples d'alliances interstellaires réussies

Malgré ces défis, plusieurs exemples d'alliances interstellaires ont réussi à soutenir les droits civils. La *Coalition des Planètes Libres* est un exemple emblématique. Formée en réponse à l'oppression des penseurs quantiques sur Yorax3, cette coalition regroupe des espèces de différentes galaxies qui partagent un engagement commun pour la justice et l'égalité. Grâce à des campagnes de sensibilisation et à des pressions diplomatiques, la Coalition a réussi à faire abroger certaines lois restrictives sur Yorax3.

Un autre exemple est celui de l'*Alliance des Espèces Pensantes*, qui a été créée pour promouvoir les droits des penseurs quantiques à travers l'univers. Cette alliance a mis en place des programmes d'échange culturel et éducatif, permettant aux penseurs quantiques d'apprendre et de partager leurs expériences avec d'autres espèces. Ces initiatives ont non seulement renforcé les liens entre les différentes cultures, mais ont également sensibilisé l'opinion publique sur les injustices subies par les penseurs quantiques.

Conclusion

En conclusion, le rôle des alliances interstellaires dans le soutien aux droits civils est à la fois complexe et vital. Ces alliances offrent un cadre pour la solidarité, l'échange et la diplomatie, mais elles doivent naviguer dans des défis culturels et structurels. Les exemples de la Coalition des Planètes Libres et de l'Alliance des Espèces Pensantes illustrent comment la coopération intergalactique peut conduire à des avancées significatives dans la lutte pour les droits civils. À mesure que les mouvements pour les droits quantiques continuent de croître, le soutien des alliances interstellaires sera essentiel pour garantir un avenir où tous les penseurs, quelle que soit leur origine, peuvent exercer leurs droits sans crainte d'oppression.

Contrebalancer le pessimisme universel et l'apathie

Dans le cadre de la lutte pour les droits quantiques, Lira Vek a rencontré un obstacle majeur : le pessimisme universel et l'apathie qui semblaient régner parmi de nombreuses sociétés extraterrestres. Ce phénomène peut être attribué à divers facteurs, notamment des expériences historiques traumatisantes, une désillusion face aux promesses non tenues de progrès, et la manipulation médiatique orchestrée par des gouvernements oppressifs. Lira a compris que pour mobiliser les masses, il était impératif d'adresser ces sentiments de désespoir et d'indifférence.

Théories du pessimisme et de l'apathie

Le pessimisme, défini comme une tendance à voir le côté négatif des choses, peut être analysé à travers la théorie de la dissonance cognitive. Cette théorie, proposée par Festinger (1957), suggère que lorsque les croyances d'un individu sont en contradiction avec ses actions, cela crée un état de tension ou de dissonance. Pour les penseurs quantiques, cette dissonance se manifeste lorsque leurs idéaux de liberté d'expression sont confrontés à la réalité de la répression. Les individus peuvent alors choisir de se détourner de l'activisme, préférant la passivité à la lutte contre un système qu'ils perçoivent comme inébranlable.

Problèmes liés à l'apathie

L'apathie, souvent le résultat d'un sentiment d'impuissance, est un phénomène particulièrement préoccupant. Dans le contexte de Yorax3 et d'autres planètes, les penseurs quantiques ont souvent été confrontés à des répressions si sévères qu'ils en ont perdu tout espoir de changement. Ce sentiment peut être quantifié à l'aide de l'équation suivante :

$$A = \frac{E}{R} \qquad (64)$$

où A représente le niveau d'apathie, E est l'efficacité perçue des efforts d'activisme, et R est la résistance du système oppressif. Plus R est élevé par rapport à E, plus A augmente, créant un cercle vicieux où l'inaction renforce l'oppression.

Exemples de stratégies pour surmonter le pessimisme

Pour contrer ce pessimisme, Lira a adopté plusieurs stratégies innovantes :
1. **Éducation et sensibilisation** : En organisant des ateliers éducatifs sur les droits quantiques, Lira a permis aux citoyens de comprendre non seulement la gravité de la situation, mais aussi les outils à leur disposition pour provoquer le changement. Ces sessions ont souvent inclus des témoignages de penseurs quantiques ayant réussi à surmonter des obstacles similaires.
2. **Utilisation des médias** : Lira a également compris l'importance des médias dans la formation de l'opinion publique. En collaborant avec des artistes et des écrivains, elle a créé des campagnes qui humanisaient les penseurs quantiques, rendant leur lutte plus accessible et relatable. L'art a servi de puissant vecteur pour transmettre des messages d'espoir et de résilience.
3. **Mobilisation communautaire** : En cultivant un sens de la communauté parmi les penseurs quantiques, Lira a renforcé leur résilience collective. Des

événements tels que des marches pacifiques, des concerts et des expositions d'art ont été organisés pour rassembler les gens autour d'une cause commune, transformant l'apathie en action collective.

4. **Création de réseaux de soutien intergalactiques** : En établissant des alliances avec d'autres mouvements de droits civils à travers l'univers, Lira a démontré que la lutte pour les droits quantiques n'était pas isolée. Ces alliances ont permis de partager des ressources, des stratégies et des encouragements, renforçant ainsi le moral des activistes.

Conclusion

Ainsi, le combat de Lira Vek contre le pessimisme universel et l'apathie a été non seulement une question de résistance, mais aussi de réinvention de l'espoir. En utilisant des approches éducatives, artistiques et communautaires, elle a réussi à transformer un sentiment de désespoir en un mouvement vibrant pour la justice. Ce faisant, elle a non seulement redonné une voix aux penseurs quantiques, mais a également établi un précédent pour d'autres mouvements de droits civiques à travers la galaxie. La lutte pour les droits quantiques est devenue un symbole d'espoir, prouvant que même dans les moments les plus sombres, l'engagement collectif peut illuminer le chemin vers un avenir meilleur.

Importance de la solidarité et de la compréhension interculturelle

La solidarité et la compréhension interculturelle sont des éléments essentiels dans la lutte pour les droits civiques, en particulier pour les penseurs quantiques sur Yorax3 et au-delà. Dans un univers où les entités de pensée quantique sont souvent marginalisées, l'unité entre différentes espèces et cultures devient un facteur déterminant pour le succès des mouvements de droits civiques.

Théories de la solidarité

La théorie de la solidarité sociale, développée par des sociologues tels qu'Émile Durkheim, suggère que les individus dans une société doivent se sentir interconnectés pour promouvoir le bien-être collectif. Cette interconnexion est particulièrement pertinente dans le contexte intergalactique, où les penseurs quantiques, souvent isolés par leurs différences culturelles, doivent trouver un terrain d'entente. La solidarité peut être conceptualisée comme une force unificatrice qui transcende les frontières culturelles et linguistiques.

$$S = \frac{1}{n} \sum_{i=1}^{n} s_i \qquad (65)$$

où S représente le niveau de solidarité, n est le nombre d'individus, et s_i est le niveau de solidarité ressenti par chaque individu. Une solidarité élevée est souvent corrélée avec des résultats positifs dans les mouvements sociaux, comme l'illustre le cas des droits civiques sur Yorax3.

Défis de la compréhension interculturelle

Malgré l'importance de la solidarité, des défis significatifs demeurent. Les différences culturelles, qui peuvent inclure des systèmes de croyances, des valeurs et des normes sociales, peuvent créer des malentendus. Par exemple, les traditions de communication sur Yorax3, qui privilégient souvent la pensée collective, peuvent entrer en conflit avec des formes de communication plus individualistes observées sur d'autres planètes.

Les théories de l'anthropologie culturelle, comme celles proposées par Clifford Geertz, soulignent que la compréhension interculturelle nécessite une reconnaissance des contextes culturels spécifiques. La mécompréhension peut entraîner des tensions, comme le montre le cas de la Coalition Intergalactique pour les Droits Quantiques, où des membres de différentes origines ont eu du mal à s'accorder sur des stratégies communes.

Exemples de solidarité intergalactique

Malgré ces défis, des exemples de solidarité réussie existent. La création de l'Alliance des Penseurs Quantiques (APQ) a permis à des groupes disparates de se rassembler autour d'une cause commune. Par exemple, lors de la première Conférence Intergalactique sur les Droits Quantiques, des représentants de Yorax3, de Gliese 581g et de Proxima Centauri b ont partagé leurs expériences et stratégies, renforçant ainsi leur engagement mutuel.

Cet événement a mis en avant l'importance de la communication interculturelle. Les ateliers, qui ont permis aux participants de partager leurs histoires, ont favorisé une compréhension plus profonde des luttes de chacun. Cela a conduit à des initiatives conjointes, comme les manifestations coordonnées sur plusieurs planètes, démontrant que la solidarité peut transcender les frontières culturelles.

Conclusion

En conclusion, la solidarité et la compréhension interculturelle sont cruciales pour le succès des mouvements pour les droits quantiques. En surmontant les défis culturels et en cultivant un esprit d'unité, les penseurs quantiques peuvent créer un réseau intergalactique puissant, capable de défendre leurs droits contre l'oppression. La théorie de la solidarité sociale, combinée à des efforts concrets pour améliorer la communication interculturelle, peut transformer la lutte pour les droits civiques en un mouvement véritablement intergalactique, capable de faire face aux défis du cosmos.

Chapitre 3 : Vision de Lira pour l'avenir

Évolution des mouvements pour les droits quantiques

Avancées technologiques et impact sur la lutte pour les droits quantiques

Les avancées technologiques ont joué un rôle crucial dans l'évolution des mouvements pour les droits quantiques, permettant aux militants comme Lira Vek d'amplifier leur voix et de mobiliser des soutiens à travers l'univers. Ces innovations ont non seulement facilité la communication entre les différentes espèces et cultures, mais ont également permis une meilleure compréhension des implications éthiques et sociales de la pensée quantique.

Technologies de communication intergalactique

La première avancée significative est l'émergence des technologies de communication intergalactique, qui ont permis aux penseurs quantiques de se connecter instantanément, quel que soit leur emplacement dans l'univers. Les dispositifs de communication quantique, tels que les *réseaux de télépathie quantique* (RTQ), ont permis des échanges d'idées et des stratégies d'activisme en temps réel. Ces réseaux utilisent des principes de superposition et d'intrication quantique pour transmettre des informations de manière sécurisée et instantanée, rendant la surveillance gouvernementale presque impossible.

$$\mathrm{RTQ}(x) = \sum_{i=1}^{n} c_i \cdot \psi_i(x) \tag{66}$$

où c_i représente les coefficients de superposition et $\psi_i(x)$ les états quantiques des différents penseurs connectés.

Impact sur la mobilisation et la sensibilisation

Ces technologies ont eu un impact direct sur la mobilisation des mouvements pour les droits quantiques. Grâce à des plateformes de sensibilisation intergalactiques, des campagnes de protestation ont pu être organisées efficacement. Par exemple, lors de la première grande manifestation pour les droits quantiques sur Yorax3, des milliers de participants ont pu se coordonner via des applications de réalité augmentée qui superposaient des informations sur les actions à entreprendre en temps réel.

$$\text{Mobilisation}(t) = \int_0^T \text{Soutien}(x) \cdot \text{Engagement}(x)\, dx \qquad (67)$$

où T est la durée de la campagne, et x représente les différentes formes de soutien et d'engagement des participants.

Technologie de surveillance et défis éthiques

Cependant, ces avancées ne sont pas sans défis. Les gouvernements oppresseurs ont également développé des technologies de surveillance sophistiquées pour contrer les mouvements pour les droits quantiques. Les systèmes de détection des pensées quantiques, par exemple, utilisent des algorithmes d'apprentissage automatique pour identifier les individus susceptibles de participer à des activités dissidentes. Cela a conduit à un débat éthique intense sur la vie privée et la liberté d'expression.

$$\text{Surveillance}(y) = \text{Algorithme}(y) \cdot \text{Données}(y) \qquad (68)$$

où y représente les individus surveillés, et Algorithme(y) est la méthode de détection utilisée.

Exemples de succès et d'innovation

Un exemple marquant de l'impact des technologies sur la lutte pour les droits quantiques est l'initiative *Voix de l'Univers*, qui a utilisé des hologrammes interactifs pour projeter des messages de Lira Vek et d'autres leaders des droits quantiques dans des lieux publics sur plusieurs planètes. Ces hologrammes ont non seulement attiré l'attention sur la cause, mais ont également permis de créer un sentiment d'unité entre les différentes espèces.

Conclusion

En conclusion, les avancées technologiques ont transformé la lutte pour les droits quantiques, offrant des outils puissants pour la communication, la mobilisation et la sensibilisation. Toutefois, elles ont également introduit des défis éthiques considérables, soulignant la nécessité d'une réflexion continue sur l'impact de ces technologies sur les droits civils. Alors que Lira Vek et ses alliés continuent de se battre pour la justice, l'équilibre entre innovation technologique et éthique deviendra de plus en plus crucial pour l'avenir des droits quantiques dans l'univers.

Justice environnementale et sociale : élargir le champ des droits quantiques

Dans l'univers intergalactique, la lutte pour les droits quantiques ne peut être dissociée des questions de justice environnementale et sociale. Lira Vek, en tant que leader visionnaire, a compris que les droits des penseurs quantiques sont intrinsèquement liés à la santé de leurs environnements et à la justice sociale au sein de leurs sociétés. Cette interconnexion souligne la nécessité d'élargir le champ des droits quantiques pour inclure des considérations environnementales et sociales.

Théories de la justice environnementale

La justice environnementale repose sur l'idée que toutes les formes de vie, y compris les penseurs quantiques, ont le droit de vivre dans un environnement sain et durable. Dans le cadre de la pensée quantique, cette théorie se traduit par la reconnaissance des impacts environnementaux des technologies quantiques et des pratiques qui pourraient nuire à l'écosystème. Par exemple, l'extraction de ressources pour alimenter des technologies quantiques pourrait entraîner la dégradation des habitats naturels, ce qui affecte non seulement les penseurs quantiques mais également d'autres espèces cohabitantes.

Un cadre théorique pertinent est celui de la *justice distributive*, qui stipule que les bénéfices et les fardeaux des décisions environnementales doivent être répartis équitablement entre tous les membres de la société. Cela implique une attention particulière aux groupes marginalisés, souvent les plus touchés par les dégradations environnementales. La justice environnementale, dans ce contexte, exige que les voix des penseurs quantiques soient entendues dans les décisions qui affectent leur environnement.

Problématiques de la justice sociale

La justice sociale, quant à elle, se concentre sur l'équité et l'égalité des droits pour tous les individus, indépendamment de leur origine, de leur espèce ou de leur capacité à penser de manière quantique. Sur Yorax3 et au-delà, les penseurs quantiques ont souvent été victimes de discrimination systémique, les empêchant d'accéder aux ressources et aux opportunités qui leur permettraient de s'épanouir. Lira a plaidé pour une approche holistique qui intègre les droits quantiques dans un cadre plus large de droits humains.

Un exemple frappant de cette problématique est la manière dont les gouvernements ont historiquement marginalisé les penseurs quantiques en raison de leur capacité unique à percevoir et à interagir avec le monde. Cela a conduit à des inégalités dans l'accès à l'éducation, à la santé et à d'autres services essentiels. Lira a souligné que pour que les droits quantiques soient véritablement respectés, il est impératif de traiter ces injustices sociales.

Exemples de luttes interconnectées

Lira a souvent cité des exemples de luttes interconnectées qui illustrent comment la justice environnementale et sociale peuvent se renforcer mutuellement. Par exemple, sur la planète Veridion, une coalition de penseurs quantiques et d'activistes environnementaux a réussi à stopper un projet d'extraction minière qui menaçait un écosystème fragile. En unissant leurs forces, ils ont non seulement protégé leur environnement, mais ont également obtenu des droits supplémentaires pour les penseurs quantiques, qui avaient été ignorés dans les discussions précédentes.

De même, sur la planète Aquarion, un mouvement dirigé par des penseurs quantiques a mené à la création d'une réserve naturelle protégée, garantissant non seulement la survie d'espèces menacées, mais aussi la préservation des lieux sacrés pour les penseurs quantiques. Ces exemples démontrent que la lutte pour les droits quantiques ne peut être dissociée des luttes pour la justice environnementale et sociale.

Conclusion

En conclusion, Lira Vek a élargi le champ des droits quantiques pour inclure des dimensions de justice environnementale et sociale, soulignant que ces luttes sont inextricablement liées. En intégrant ces considérations dans le discours sur les droits quantiques, elle a non seulement renforcé la cause des penseurs quantiques, mais a également contribué à un mouvement plus large pour un avenir intergalactique juste et durable. L'héritage de Lira réside dans cette vision d'un cosmos où les droits quantiques sont respectés dans un cadre de justice sociale et environnementale, garantissant ainsi un avenir où toutes les formes de vie peuvent prospérer ensemble.

Vision de Lira pour un univers sans interdictions de pensée quantique

Lira Vek imagine un univers où la pensée quantique, considérée comme une forme d'expression fondamentale, est librement acceptée et intégrée dans toutes les sociétés extraterrestres. Dans sa vision, cette acceptation ne représente pas seulement une avancée technologique, mais également une transformation sociétale qui favorise la diversité des idées et la créativité. Pour Lira, un univers sans interdictions de pensée quantique se traduit par une multitude de perspectives, où chaque entité, quelle que soit sa forme ou son origine, peut contribuer à l'édifice collectif de la connaissance et de la culture.

Implications de la pensée quantique

La pensée quantique, qui repose sur les principes de la mécanique quantique, permet une forme d'interaction mentale qui transcende les limitations physiques. Les théoriciens tels que David Deutsch et John von Neumann ont exploré les implications de la superposition et de l'intrication quantique, suggérant que la conscience humaine pourrait potentiellement interagir avec l'univers à un niveau fondamental. Lira soutient que cette capacité pourrait être utilisée pour créer des ponts entre les différentes cultures, favorisant ainsi la compréhension et la coopération intergalactique.

$$\text{État}_{total} = \sum_i c_i \cdot |\psi_i\rangle \qquad (69)$$

Dans cette équation, $|\psi_i\rangle$ représente les états quantiques possibles d'un système, et c_i sont les coefficients qui représentent la probabilité de chaque état. Lira voit cette superposition comme une métaphore pour les diverses voix et idées qui devraient coexister dans un environnement sans restrictions.

Problèmes associés aux interdictions de la pensée quantique

L'interdiction de la pensée quantique sur Yorax3 a engendré une multitude de problèmes, notamment la stagnation de l'innovation et l'isolement culturel. Les gouvernements qui imposent de telles restrictions justifient souvent leurs actions par la peur des conséquences imprévisibles que pourrait engendrer la pensée quantique. Cependant, Lira argue que cette peur est infondée et qu'elle est plutôt le reflet d'une ignorance systémique.

$$\text{Impact}_{socit} = f(\text{Interdictions}) \rightarrow \text{Stagnation} + \text{Conflit} \qquad (70)$$

Cette fonction f illustre comment les interdictions entraînent des conséquences négatives sur la société, notamment la stagnation et le conflit. Lira préconise que la libération de la pensée quantique pourrait inverser cette tendance, conduisant à une société plus dynamique et harmonieuse.

Exemples d'un univers sans restrictions

Dans sa vision, Lira évoque des exemples de sociétés extraterrestres qui ont embrassé la pensée quantique, comme les Zorathians, une espèce connue pour son approche holistique de la connaissance. Sur Zorath, les citoyens participent à des forums de pensée quantique, où des idées peuvent être échangées instantanément, créant un environnement d'apprentissage continu.

$$\text{Collaboration}_{Zorath} = \int_0^T \text{Idées}(t) \cdot \text{Interaction}(t)\, dt \qquad (71)$$

Cette intégrale symbolise la manière dont les idées et les interactions s'accumulent au fil du temps, renforçant le tissu social de la communauté. Lira voit cela comme un modèle à suivre pour d'autres civilisations, y compris Yorax3.

Conclusion et appel à l'action

En conclusion, la vision de Lira pour un univers sans interdictions de pensée quantique est une invitation à repenser nos structures sociales et politiques. Elle appelle à une réforme globale qui valorise la diversité des pensées et des idées, en mettant l'accent sur l'éducation et la sensibilisation. Lira encourage les citoyens de toutes les planètes à s'unir et à défendre le droit à la pensée quantique, car elle croit fermement que ce droit est essentiel pour l'évolution et la prospérité de toutes les civilisations.

$$\text{Liberté}_{pense\_quantique} = \text{Épanouissement}_{socital} + \text{Innovation}_{technologique} \qquad (72)$$

Cette équation finale résume le credo de Lira : la liberté de pensée quantique est intrinsèquement liée à l'épanouissement sociétal et à l'innovation technologique.

Dans cet univers qu'elle imagine, chaque esprit a la capacité de briller, et chaque voix peut être entendue, contribuant ainsi à un cosmos riche en diversité et en compréhension.

Équilibrer progrès et tradition dans les sociétés extraterrestres

Dans l'univers intergalactique, les sociétés extraterrestres présentent une vaste gamme de cultures, de croyances et de systèmes de valeurs. L'un des défis majeurs auxquels ces sociétés font face est l'équilibre entre le progrès technologique et l'adhésion à des traditions profondément enracinées. Ce dilemme, souvent exacerbé par les tensions entre les générations et les idéologies, nécessite une approche nuancée pour garantir que le développement ne se fasse pas au détriment de l'identité culturelle.

Théories de l'équilibre

L'équilibre entre progrès et tradition peut être analysé à travers plusieurs théories sociologiques. La théorie de la modernisation, par exemple, suggère que le progrès technologique entraîne inévitablement un changement social, souvent en faveur de valeurs plus individualistes et rationalistes. Cependant, cette perspective peut négliger l'importance des traditions qui façonnent l'identité collective des sociétés. En revanche, la théorie de la conservation culturelle souligne la nécessité de préserver les traditions face à la pression du changement.

Problèmes rencontrés

Les sociétés extraterrestres peuvent rencontrer plusieurs problèmes en tentant de trouver cet équilibre :

- **Conflits générationnels :** Les jeunes générations, souvent plus ouvertes au changement, peuvent entrer en conflit avec les aînés qui valorisent les traditions. Par exemple, sur la planète Zylor, les jeunes penseurs quantiques cherchent à intégrer des technologies avancées dans leur mode de vie, tandis que les anciens s'opposent à ces changements, craignant une perte d'identité culturelle.

- **Risques d'homogénéisation culturelle :** L'adoption de technologies modernes peut conduire à une homogénéisation des cultures, où des pratiques traditionnelles uniques sont remplacées par des normes globalisées. Cela est particulièrement visible dans les sociétés qui adoptent des technologies de communication intergalactique sans tenir compte des spécificités culturelles locales.

- **Exploitation économique :** Les avancées technologiques peuvent être exploitées par des entités extérieures, menaçant les traditions locales. Sur la planète Flaris, l'exploitation des ressources par des entreprises interstellaires a conduit à une dégradation des pratiques agricoles traditionnelles, provoquant des tensions entre les agriculteurs locaux et les investisseurs étrangers.

Exemples de réussite

Cependant, certaines sociétés extraterrestres ont réussi à naviguer avec succès entre progrès et tradition. Prenons l'exemple des habitants de la planète Xylox. Ils ont développé une approche hybride qui intègre des technologies modernes tout en respectant leurs traditions ancestrales. Par exemple, les Xyloxiens utilisent des systèmes d'irrigation avancés pour améliorer leur agriculture tout en maintenant des rituels agricoles traditionnels qui renforcent leur cohésion sociale.

Un autre exemple est celui des Krelons, qui ont créé une coalition intergalactique pour le développement durable. Cette coalition promeut des technologies respectueuses de l'environnement qui soutiennent à la fois le progrès économique et la préservation des pratiques culturelles. Grâce à cette initiative, ils ont réussi à réduire les conflits internes tout en favorisant un développement harmonieux.

Conclusion

En somme, l'équilibre entre progrès et tradition dans les sociétés extraterrestres est un enjeu complexe qui nécessite une réflexion approfondie. Les sociétés qui réussissent à intégrer les avancées technologiques tout en préservant leurs traditions culturelles sont celles qui parviennent à créer un environnement social harmonieux et durable. L'exemple de Lira Vek et de son mouvement pour les droits quantiques souligne l'importance de cette dynamique, car elle incarne la lutte pour la reconnaissance des droits tout en respectant les valeurs culturelles qui définissent l'identité des penseurs quantiques. En fin de compte, l'avenir des sociétés extraterrestres dépendra de leur capacité à naviguer ces eaux tumultueuses avec sagesse et compassion.

Rôle de l'éducation et sensibilisation

Promotion de l'éducation sur la pensée quantique auprès des jeunes générations

L'éducation sur la pensée quantique est essentielle pour préparer les jeunes générations à naviguer dans un univers où les concepts de la pensée quantique sont non seulement une réalité scientifique, mais également une question de droits civils. La promotion de cette éducation doit être abordée sous plusieurs angles, incluant la théorie, les problèmes rencontrés, ainsi que des exemples concrets d'initiatives réussies.

Théorie de la pensée quantique

La pensée quantique, en tant que concept, repose sur les principes de la mécanique quantique, qui étudie le comportement des particules à l'échelle subatomique. Ces principes, tels que le principe d'incertitude d'Heisenberg, la superposition d'états et l'intrication quantique, peuvent être traduits en métaphores accessibles pour les jeunes esprits. Par exemple, la superposition peut être expliquée à travers l'idée que les pensées peuvent coexister dans des états multiples jusqu'à ce qu'elles soient observées ou choisies. Cela peut être illustré par l'expérience de pensée du chat de Schrödinger, où le chat est à la fois vivant et mort jusqu'à ce qu'on ouvre la boîte.

Problèmes rencontrés

Cependant, plusieurs obstacles se dressent sur le chemin de l'éducation à la pensée quantique. Parmi ceux-ci, on trouve :

- **Complexité des concepts :** Les notions de la mécanique quantique sont souvent perçues comme abstraites et difficiles à comprendre. Cela nécessite des méthodes pédagogiques innovantes pour rendre ces idées accessibles.

- **Manque de ressources :** De nombreuses écoles, en particulier dans des régions défavorisées, manquent des ressources nécessaires pour enseigner des concepts avancés comme la pensée quantique.

- **Résistance culturelle :** Dans certaines cultures, les idées liées à la pensée quantique peuvent être perçues comme controversées ou même interdites, ce qui complique leur intégration dans les programmes éducatifs.

Exemples d'initiatives réussies

Pour surmonter ces défis, plusieurs initiatives ont été mises en place pour promouvoir l'éducation à la pensée quantique :

- **Programmes éducatifs interactifs :** Des organisations comme *Quantum for Kids* proposent des ateliers et des jeux interactifs qui enseignent les principes de la pensée quantique à travers des expériences pratiques. Par exemple, les élèves peuvent participer à des expériences de simulation qui illustrent l'intrication quantique, leur permettant de visualiser des concepts autrement abstraits.

- **Partenariats avec des institutions scientifiques :** Des collaborations entre des écoles et des universités, comme le programme *Quantum Education Initiative*, permettent aux étudiants d'accéder à des ressources pédagogiques avancées et à des experts en mécanique quantique. Ces partenariats facilitent également des visites de laboratoires et des conférences, rendant l'apprentissage plus tangible.

- **Utilisation des médias et des technologies :** L'émergence de plateformes numériques et de médias sociaux offre des opportunités uniques pour éduquer les jeunes sur la pensée quantique. Des vidéos éducatives, des podcasts et des jeux vidéo qui intègrent des concepts quantiques peuvent capter l'attention des jeunes et stimuler leur curiosité. Par exemple, la série de vidéos *Quantum Explained* sur YouTube a suscité un grand intérêt pour la pensée quantique chez les adolescents.

Conclusion

En conclusion, la promotion de l'éducation sur la pensée quantique auprès des jeunes générations est cruciale pour l'avenir des droits civiques des penseurs quantiques. En surmontant les obstacles existants et en s'appuyant sur des initiatives innovantes, il est possible d'éveiller l'intérêt des jeunes pour ces concepts fondamentaux. En intégrant la pensée quantique dans l'éducation, nous préparons non seulement les futurs défenseurs des droits civiques, mais nous contribuons également à un avenir où la diversité des pensées est célébrée et protégée.

$$E = mc^2 \tag{73}$$

où E représente l'énergie, m la masse, et c la vitesse de la lumière dans le vide. Cette équation célèbre d'Albert Einstein illustre comment la pensée quantique peut avoir

RÔLE DE L'ÉDUCATION ET SENSIBILISATION

des implications profondes sur notre compréhension de l'univers et des droits qui en découlent.

Sensibilisation à la situation des penseurs quantiques dans l'univers

La sensibilisation à la situation des penseurs quantiques dans l'univers est un enjeu crucial pour le mouvement des droits civiques extraterrestres. Les penseurs quantiques, en tant qu'entités capables de percevoir et de manipuler la réalité à un niveau fondamental, font face à une discrimination systémique qui entrave leur liberté d'expression et leur droit à l'existence. Cette situation soulève des questions éthiques, politiques et sociales qui nécessitent une attention urgente.

Contexte et enjeux

Les penseurs quantiques, souvent considérés comme des êtres aux capacités extraordinaires, sont fréquemment stigmatisés par les sociétés qui les entourent. L'interdiction de la pensée quantique sur des planètes comme Yorax3 est un exemple frappant de la façon dont la peur de l'inconnu peut mener à des lois oppressives. Ces lois ne sont pas seulement des restrictions sur la pensée, mais elles touchent également à l'essence même de l'identité des penseurs quantiques.

$$\text{Liberté d'Expression} = \text{Droits Civiques} \cap \text{Identité} \qquad (74)$$

Cette équation illustre que la liberté d'expression est intrinsèquement liée aux droits civiques et à l'identité des individus. Pour les penseurs quantiques, la reconnaissance de leur identité unique est essentielle pour revendiquer leurs droits.

Méthodes de sensibilisation

Pour sensibiliser le public à la situation des penseurs quantiques, plusieurs stratégies peuvent être mises en œuvre :

- **Éducation et formation** : Les programmes éducatifs doivent inclure des modules sur la pensée quantique et ses implications sociales. Cela peut être réalisé à travers des cours, des ateliers et des séminaires intergalactiques.

- **Médias et art** : L'utilisation de médias visuels, de musique et de littérature pour raconter les histoires des penseurs quantiques peut aider à humaniser leur lutte. Des films, des documentaires et des expositions artistiques peuvent servir de puissants outils de sensibilisation.

- **Campagnes de plaidoyer** : Les mouvements pour les droits civiques doivent organiser des campagnes de plaidoyer qui mettent en lumière les injustices subies par les penseurs quantiques. Cela inclut des manifestations, des pétitions et des conférences intergalactiques.

- **Partenariats interstellaires** : Collaborer avec d'autres mouvements de droits civiques sur différentes planètes peut renforcer la voix des penseurs quantiques. Ces alliances peuvent offrir un soutien mutuel et un partage des ressources.

Exemples de sensibilisation réussie

Des exemples de sensibilisation réussie incluent :

- **La campagne "Voix Quantique"** : Cette initiative a rassemblé des penseurs quantiques et des alliés pour partager leurs histoires à travers des plateformes numériques. Les témoignages ont touché des millions d'êtres à travers la galaxie, suscitant un soutien massif pour leur cause.

- **Festival des Arts Quantique** : Un événement annuel qui célèbre la culture et les contributions des penseurs quantiques. Ce festival inclut des performances, des expositions d'art et des discussions sur les droits civiques, créant un espace de dialogue et de compréhension.

- **Soutien médiatique** : Des chaînes de télévision intergalactiques ont commencé à diffuser des reportages sur les conditions de vie des penseurs quantiques, mettant en lumière les abus et les violations des droits humains. Ces reportages ont provoqué des réactions au niveau gouvernemental et ont incité des changements de politique.

Défis à surmonter

Malgré les efforts déployés, plusieurs défis persistent :

- **Résistance culturelle** : Dans certaines sociétés, les croyances profondément enracinées sur la pensée quantique rendent difficile l'acceptation des penseurs quantiques. La lutte contre les stéréotypes et la désinformation est essentielle.

- **Manque de ressources** : Les mouvements de droits civiques pour les penseurs quantiques manquent souvent de financement et de soutien logistique. Cela limite leur capacité à organiser des événements et à mener des campagnes de sensibilisation efficaces.

+ **Répression gouvernementale** : Dans les régimes oppressifs, les voix qui s'élèvent pour défendre les droits des penseurs quantiques sont souvent réduites au silence par la force. Les activistes doivent naviguer dans des environnements hostiles pour faire entendre leur message.

Conclusion

La sensibilisation à la situation des penseurs quantiques est un impératif moral et éthique. En utilisant une approche multidimensionnelle qui combine éducation, art et plaidoyer, il est possible de créer un mouvement solide qui défend les droits de ces individus uniques. La lutte pour les droits civiques des penseurs quantiques n'est pas seulement une question de justice, mais elle est également essentielle pour l'évolution de la société intergalactique dans son ensemble. En favorisant l'empathie et la compréhension, nous pouvons espérer un avenir où la pensée quantique est célébrée plutôt que réprimée.

$$\text{Unité} = \sum_{i=1}^{n} \text{Diversité}_i \tag{75}$$

Cette équation souligne que l'unité dans la diversité est la clé pour un avenir harmonieux, où chaque penseur quantique est libre d'exprimer son potentiel sans crainte de répression.

Pouvoir de l'art, littérature et médias dans la formation de la perception publique

L'art, la littérature et les médias jouent un rôle crucial dans la formation de la perception publique, en particulier dans le contexte des mouvements pour les droits civils et l'activisme. Dans le cas de Lira Vek et de son combat pour les droits des penseurs quantiques, ces formes d'expression sont devenues des outils puissants pour sensibiliser, éduquer et mobiliser les masses.

Théories de la communication et de la perception publique

Les théories de la communication, notamment la théorie de l'agenda-setting, suggèrent que les médias ne se contentent pas de rapporter des faits, mais influencent également ce que le public considère comme important. McCombs et Shaw (1972) ont démontré que les sujets couverts par les médias deviennent des priorités pour le public. Dans le cas de Lira Vek, les médias ont contribué à faire des questions relatives à la pensée quantique un sujet de débat public, influençant ainsi les perceptions et les attitudes des citoyens de Yorax3.

L'art comme vecteur de changement

L'art, sous toutes ses formes, a le pouvoir d'évoquer des émotions et de susciter des réflexions critiques. Les œuvres de Lira, qu'il s'agisse de sa poésie, de sa musique ou de ses peintures, ont souvent abordé les injustices subies par les penseurs quantiques. Par exemple, sa chanson emblématique "*Résonance Quantique*" a été un cri de ralliement pour les manifestants, articulant les luttes des penseurs quantiques avec des métaphores puissantes et des mélodies entraînantes. Cette œuvre a non seulement touché le cœur des citoyens de Yorax3, mais a également été diffusée à travers la galaxie, attirant l'attention sur la cause.

Littérature et narration

La littérature, qu'elle soit sous forme de romans, de nouvelles ou d'essais, permet d'explorer des idées complexes et d'humaniser les luttes des individus. Les récits de Lira, tels que son essai "*Les Ombres de la Pensée Quantique*", ont offert une perspective personnelle sur l'impact de l'interdiction sur la vie quotidienne des penseurs quantiques. En partageant des histoires de résistance et de résilience, elle a réussi à créer un lien émotionnel avec le public, rendant la lutte pour les droits quantiques plus accessible et compréhensible.

Médias numériques et réseaux sociaux

À l'ère numérique, les médias sociaux sont devenus un outil incontournable pour la mobilisation et la sensibilisation. Lira a utilisé ces plateformes pour diffuser des messages, partager des vidéos de manifestations et organiser des campagnes de soutien. Par exemple, la campagne #LibertéQuantique a rassemblé des milliers de partisans en quelques heures, illustrant le pouvoir des médias numériques pour catalyser l'action collective. La viralité de ces contenus a permis de toucher un public plus large, dépassant les frontières de Yorax3 et atteignant des systèmes solaires éloignés.

Problèmes et défis

Malgré leur potentiel, l'art, la littérature et les médias rencontrent des défis significatifs. La censure et la répression peuvent étouffer les voix dissidentes, limitant la capacité de l'art à provoquer un changement social. Les autorités de

Yorax3 ont tenté de restreindre l'accès aux œuvres de Lira, arguant que ses messages incitaient à la rébellion. Cependant, cette répression a souvent eu l'effet inverse, attirant davantage l'attention sur sa cause et renforçant la détermination des partisans.

Exemples de réussite

Un exemple marquant de l'impact de l'art sur la perception publique est la performance théâtrale "*L'Écho des Esprits Quantique*", qui a été jouée dans plusieurs systèmes solaires. Cette pièce a non seulement diverti le public, mais a également informé sur les luttes des penseurs quantiques, générant des discussions et des débats sur l'importance de la liberté d'expression. Les critiques ont salué la façon dont la pièce a réussi à combiner divertissement et message politique, illustrant l'efficacité de l'art en tant qu'outil d'activisme.

Conclusion

En somme, l'art, la littérature et les médias sont des instruments puissants dans la lutte pour les droits civils. Ils façonnent la perception publique, mobilisent les masses et offrent une plateforme pour l'expression des luttes individuelles et collectives. Dans le cas de Lira Vek, ces formes d'expression ont été essentielles pour transformer une cause marginalisée en un mouvement intergalactique pour les droits quantiques. L'héritage de Lira témoigne de la capacité de l'art à transcender les frontières et à inspirer des générations à poursuivre la lutte pour la justice et l'égalité.

Surmonter les défis et embrasser les différences

Surmonter les barrières culturelles et linguistiques dans le mouvement

Dans le cadre du mouvement pour les droits quantiques, Lira Vek a reconnu que l'un des défis majeurs était la diversité culturelle et linguistique des différentes espèces extraterrestres. Ces différences peuvent créer des malentendus, des préjugés et des obstacles à la collaboration. Pour surmonter ces barrières, Lira a mis en œuvre plusieurs stratégies basées sur des théories de communication interculturelle et des pratiques inclusives.

Théories de la communication interculturelle

La communication interculturelle repose sur plusieurs théories clés qui aident à comprendre comment les individus de différentes cultures interagissent. L'une des théories les plus influentes est celle de Edward T. Hall, qui distingue entre les cultures à contexte élevé et à contexte faible. Dans les cultures à contexte élevé, le contexte de la communication est aussi important que les mots eux-mêmes, tandis que dans les cultures à contexte faible, le message est principalement transmis par le langage verbal. Cette distinction est cruciale pour Lira, car elle lui a permis d'adapter ses messages en fonction des cultures des groupes qu'elle cherchait à rallier à sa cause.

$$C_i = \frac{E_i}{T_i} \qquad (76)$$

où C_i représente le niveau de compréhension culturelle, E_i est l'expérience interculturelle, et T_i est le temps consacré à l'apprentissage des différences culturelles. Lira a compris que pour améliorer C_i, il était essentiel d'investir du temps et des ressources dans l'éducation interculturelle.

Problèmes rencontrés

Les barrières linguistiques sont également un obstacle majeur. Les dialectes, les idiomes et les nuances de chaque langue peuvent mener à des interprétations erronées des messages. Par exemple, lors d'une réunion intergalactique, une traduction littérale d'une expression idiomatique de Yorax3 a provoqué une réaction hostile de la part d'une espèce extraterrestre qui l'a interprétée comme une insulte. Ce type de situation souligne la nécessité d'une traduction contextuelle qui prend en compte non seulement les mots, mais aussi les valeurs culturelles sous-jacentes.

Exemples de solutions mises en œuvre

Pour résoudre ces problèmes, Lira a initié plusieurs programmes de formation en communication interculturelle. Elle a collaboré avec des linguistes et des anthropologues pour développer des outils de traduction qui incorporent des éléments culturels. Par exemple, les équipes de Lira ont créé un glossaire de termes quantiques qui a été traduit en plusieurs langues extraterrestres, tout en fournissant des explications contextuelles pour éviter les malentendus.

De plus, Lira a organisé des ateliers interculturels où des membres de différentes espèces pouvaient partager leurs expériences et leurs perspectives. Ces ateliers ont non seulement renforcé la compréhension mutuelle, mais ont également permis de créer un sentiment de solidarité parmi les participants. Par exemple, une espèce de la planète Zylor a partagé ses propres luttes contre l'oppression, ce qui a inspiré d'autres groupes à adapter leurs stratégies d'activisme.

Importance de la solidarité et de la compréhension interculturelle

La solidarité est essentielle dans la lutte pour les droits quantiques. Lira a compris que pour créer un mouvement puissant, il était nécessaire de rassembler des voix diverses. En favorisant un environnement de respect et d'écoute, elle a pu construire des alliances solides qui transcendent les frontières culturelles. La compréhension interculturelle ne se limite pas à la langue, mais englobe également les valeurs, les croyances et les traditions de chaque groupe.

Lira a souvent cité le proverbe suivant : « Unis dans la diversité, nous sommes plus forts ». Ce mantra est devenu le fondement de la Coalition Intergalactique pour les Droits Quantiques, où chaque voix est entendue et valorisée. En intégrant des éléments de différentes cultures dans les campagnes de sensibilisation, Lira a réussi à toucher un public plus large et à mobiliser des ressources variées pour la cause.

Conclusion

Surmonter les barrières culturelles et linguistiques dans le mouvement pour les droits quantiques n'est pas seulement une question de communication efficace, mais aussi de respect et d'empathie. Grâce aux efforts de Lira Vek et de ses alliés, le mouvement a pu évoluer vers une plateforme véritablement inclusive, permettant aux penseurs quantiques de s'unir et de lutter pour leurs droits à travers l'univers. L'expérience de Lira démontre que la diversité, lorsqu'elle est embrassée, peut devenir une force puissante pour le changement social.

Résolution des conflits entre groupes de droits civils extraterrestres

La résolution des conflits entre groupes de droits civils extraterrestres est un enjeu crucial pour l'avancement des droits quantiques dans l'univers. Dans un contexte où la diversité culturelle et les différences idéologiques sont omniprésentes, il devient impératif d'établir des mécanismes de dialogue et de coopération. Cette section explore les théories pertinentes, les problèmes rencontrés et des exemples concrets illustrant les efforts de résolution de conflits au sein des mouvements pour les droits civils extraterrestres.

Théories de la résolution de conflits

Pour comprendre comment résoudre les conflits entre groupes de droits civils extraterrestres, il est essentiel de se référer à des théories établies dans le domaine de la résolution de conflits. Parmi celles-ci, la théorie de la négociation intégrative se distingue. Cette approche repose sur l'idée que les parties en conflit peuvent travailler ensemble pour identifier des solutions mutuellement bénéfiques, plutôt que de se concentrer sur des positions opposées.

La négociation intégrative peut être formalisée par l'équation suivante :

$$S = A + B - C \qquad (77)$$

où S représente le résultat satisfaisant pour toutes les parties, A et B sont les intérêts respectifs des groupes, et C est le coût de la dissension. L'objectif est de maximiser S en réduisant C par le biais de la coopération et de la communication.

Problèmes rencontrés

Malgré les théories et les approches disponibles, plusieurs problèmes persistent dans la résolution des conflits entre groupes de droits civils extraterrestres :

- **Différences culturelles :** Les groupes peuvent avoir des valeurs, des croyances et des pratiques culturelles très différentes, rendant difficile l'établissement d'une compréhension commune. Par exemple, sur la planète Zorath, le mouvement pour les droits quantiques est influencé par une tradition de collectivisme, tandis que sur la planète Xylor, l'individualisme prédomine, entraînant des divergences dans les stratégies d'activisme.

- **Ressources limitées :** Les groupes peuvent rivaliser pour des ressources limitées, telles que le financement, les membres et l'attention médiatique. Cette compétition peut exacerber les tensions et rendre la collaboration difficile.

- **Manque de confiance :** Les antécédents de conflits ou de trahisons peuvent engendrer un manque de confiance entre les groupes, rendant les négociations plus compliquées. Par exemple, une faction sur la planète Nibiru a été accusée de sabotage, ce qui a entraîné une méfiance durable envers leurs intentions.

Exemples de résolution de conflits

Malgré ces défis, plusieurs exemples illustrent des réussites dans la résolution de conflits entre groupes de droits civils extraterrestres :

- **La Conférence Intergalactique des Droits Civils :** Organisée sur la planète Vortex, cette conférence a rassemblé des représentants de divers mouvements pour les droits quantiques. Grâce à des ateliers de médiation et des discussions ouvertes, les groupes ont pu établir des accords sur des objectifs communs, tels que la sensibilisation à la pensée quantique et la création d'une charte intergalactique des droits quantiques.

- **Coalition des Planètes Unies :** Cette coalition a été formée après une série de conflits entre les groupes de droits civils sur différentes planètes. En mettant en place un conseil interplanétaire, les groupes ont pu discuter de leurs préoccupations et trouver des solutions pacifiques. Par exemple, des ressources ont été partagées pour soutenir des campagnes de sensibilisation sur plusieurs planètes, réduisant ainsi la compétition.

- **Médiation par des tiers :** Dans certains cas, des organisations neutres ou des individus influents ont joué un rôle de médiateur. Par exemple, un ancien leader respecté de la planète Aetheria a aidé à apaiser les tensions entre deux factions rivales en facilitant des dialogues et en promouvant des valeurs communes, comme la dignité et le respect des penseurs quantiques.

Conclusion

La résolution des conflits entre groupes de droits civils extraterrestres est un processus complexe mais essentiel pour l'avancement des droits quantiques. En s'appuyant sur des théories de négociation intégrative, en abordant les problèmes de confiance et en tirant parti des exemples de collaboration réussie, il est possible de créer un environnement où les groupes peuvent travailler ensemble pour un avenir plus juste et équitable. La diversité des perspectives, loin d'être un obstacle, devient une richesse qui peut renforcer le mouvement pour les droits civils à l'échelle intergalactique.

Célébration de la diversité et promotion de l'inclusion

La célébration de la diversité et la promotion de l'inclusion sont des piliers fondamentaux dans le cadre des mouvements pour les droits quantiques. Dans un univers où les penseurs quantiques sont souvent marginalisés en raison de leurs capacités uniques, il est essentiel d'adopter une approche qui valorise les différences culturelles, linguistiques et idéologiques. Cela ne se limite pas seulement à reconnaître la diversité, mais implique également des actions concrètes pour intégrer ces différences dans le tissu de la société galactique.

Théories sur la diversité et l'inclusion

La théorie de la diversité culturelle souligne que chaque culture apporte une perspective unique qui enrichit l'expérience collective. Selon [?], la diversité culturelle favorise la créativité et l'innovation, des éléments cruciaux dans la lutte pour les droits civils. En intégrant diverses voix et expériences, les mouvements peuvent développer des stratégies plus efficaces et inclusives.

De plus, la théorie de l'inclusion, comme décrite par [?], propose que l'inclusion ne se limite pas à l'acceptation passive des différences, mais nécessite une participation active et significative de tous les groupes. Cela implique de créer des espaces où chaque individu, indépendamment de son origine ou de ses croyances, se sent valorisé et capable de contribuer à la cause commune.

Problèmes rencontrés dans la promotion de l'inclusion

Malgré l'importance de la diversité, plusieurs défis persistent dans sa promotion. L'un des principaux problèmes est la résistance au changement, souvent alimentée par des stéréotypes et des préjugés. Les groupes dominants peuvent percevoir l'inclusion comme une menace à leur statut, ce qui peut engendrer des tensions au sein des mouvements.

Un autre obstacle est le manque de représentation des groupes marginalisés dans les instances décisionnelles. Par exemple, dans la Coalition Intergalactique pour les Droits Quantiques, des voix de penseurs quantiques issus de cultures moins représentées peuvent être sous-représentées, limitant ainsi la capacité de l'organisation à aborder des questions qui leur sont spécifiques.

Exemples de célébration de la diversité

Lira Vek a toujours prôné la célébration de la diversité comme un moyen de renforcer le mouvement. Elle a organisé des événements intergalactiques où des penseurs quantiques de différentes planètes se sont réunis pour partager leurs histoires et leurs cultures. Ces événements ont non seulement permis de créer des liens entre les participants, mais ont également sensibilisé le public aux défis uniques auxquels chaque groupe est confronté.

Un exemple marquant est le Festival de la Pensée Quantique, qui a eu lieu sur la planète Zorath. Cet événement a rassemblé des penseurs quantiques de plusieurs systèmes solaires, chacun présentant ses traditions et ses luttes. Les récits partagés ont permis de forger des alliances solides et ont renforcé la solidarité entre les groupes.

Stratégies pour promouvoir l'inclusion

Pour promouvoir l'inclusion au sein des mouvements pour les droits quantiques, plusieurs stratégies peuvent être mises en œuvre :

- **Éducation et sensibilisation :** Il est crucial d'éduquer les membres des mouvements sur l'importance de la diversité et de l'inclusion. Des ateliers et des formations peuvent être organisés pour sensibiliser les participants aux préjugés inconscients et aux stéréotypes.

- **Création d'espaces sûrs :** Les mouvements doivent veiller à créer des environnements où chacun se sent en sécurité pour exprimer ses opinions et partager ses expériences. Cela peut inclure des groupes de discussion et des forums où les voix marginalisées sont mises en avant.

- **Partenariats stratégiques :** Collaborer avec des organisations qui se concentrent sur la diversité et l'inclusion peut apporter des ressources et des expertises précieuses. Ces partenariats peuvent aider à développer des initiatives inclusives et à élargir la portée des mouvements.

- **Évaluation continue :** Il est important de mettre en place des mécanismes d'évaluation pour mesurer l'efficacité des initiatives inclusives. Des enquêtes et des retours d'expérience peuvent aider à identifier les domaines à améliorer.

Conclusion

La célébration de la diversité et la promotion de l'inclusion sont essentielles pour la lutte des penseurs quantiques. En adoptant une approche inclusive, les mouvements peuvent non seulement renforcer leur impact, mais aussi créer une société galactique plus juste et équitable. Lira Vek incarne cette vision, montrant que lorsque nous unissons nos forces et célébrons nos différences, nous pouvons surmonter les obstacles et réaliser un avenir où les droits quantiques sont respectés pour tous.

Implications éthiques de la pensée quantique

Examens des avantages et dangers de la pensée quantique

La pensée quantique, en tant que concept, représente une série de capacités cognitives et d'interactions qui transcendent les limitations de la pensée classique. Cela implique une forme de conscience et de communication qui permet aux entités de manipuler et d'interagir avec des états quantiques de manière non conventionnelle. Dans cette section, nous allons examiner les avantages et les dangers associés à la pensée quantique, en utilisant des théories pertinentes, des problèmes contemporains et des exemples concrets.

Avantages de la pensée quantique

1. Capacités cognitives étendues La pensée quantique permet aux penseurs d'accéder à des niveaux de cognition supérieurs, facilitant une compréhension plus profonde de l'univers. Par exemple, les penseurs quantiques peuvent envisager simultanément plusieurs résultats d'une situation donnée, une capacité qui pourrait être modélisée par la superposition quantique, où un système peut exister dans plusieurs états à la fois. Mathématiquement, cela peut être exprimé par la relation suivante :

$$|\psi\rangle = c_1|0\rangle + c_2|1\rangle \tag{78}$$

où $|\psi\rangle$ est l'état quantique, et c_1 et c_2 sont des coefficients complexes représentant les probabilités d'observer chaque état.

2. Interconnexion et empathie Les entités capables de pensée quantique peuvent établir des connexions profondes avec d'autres formes de vie. Cela favorise un sentiment d'empathie et de solidarité, essentiel pour les mouvements de droits civils. Par exemple, les penseurs quantiques peuvent ressentir les émotions et les pensées des autres, ce qui les aide à mieux comprendre les luttes des autres espèces. Cette interconnexion peut être représentée par le principe d'intrication quantique, où deux particules peuvent rester liées indépendamment de la distance qui les sépare.

3. Innovation et résolution de problèmes La pensée quantique encourage des approches novatrices pour résoudre des problèmes complexes. En utilisant des méthodes de pensée non linéaires, les penseurs peuvent trouver des solutions qui échappent à la logique classique. Par exemple, la création de technologies avancées, comme les ordinateurs quantiques, repose sur ces principes. Les ordinateurs quantiques exploitent la superposition et l'intrication pour effectuer des calculs à des vitesses inaccessibles aux ordinateurs traditionnels.

Dangers de la pensée quantique

1. Manipulation et abus Un des dangers majeurs de la pensée quantique est le potentiel de manipulation. Les entités dotées de cette capacité peuvent influencer les pensées et les émotions d'autres êtres, ce qui pose des questions éthiques. Par exemple, des gouvernements ou des groupes extrémistes pourraient tenter d'exploiter ces capacités pour contrôler les populations. Cela soulève des préoccupations concernant la souveraineté individuelle et la liberté de pensée.

2. Effets psychologiques La capacité de ressentir et de partager les pensées et émotions des autres peut également avoir des effets psychologiques dévastateurs. Les penseurs quantiques peuvent être submergés par les souffrances et les douleurs des autres, ce qui peut conduire à des troubles émotionnels et à une détérioration de leur santé mentale. Ce phénomène est souvent décrit comme une forme d'« empathie excessive », où l'individu perd sa capacité à se dissocier de la douleur des autres.

3. Risques de déséquilibre social La pensée quantique pourrait également exacerber les inégalités sociales. Si seuls certains groupes d'individus acquièrent ces capacités, cela pourrait créer une nouvelle forme de hiérarchie sociale, où les penseurs quantiques dominent ceux qui n'ont pas accès à ces compétences. Cela pourrait mener à des conflits intergalactiques entre différentes espèces et cultures, chacune luttant pour ses droits et sa reconnaissance.

Conclusion

En somme, la pensée quantique offre des avantages indéniables, tels que des capacités cognitives étendues, une empathie renforcée et des solutions innovantes aux problèmes complexes. Cependant, ces avantages doivent être tempérés par une reconnaissance des dangers potentiels, notamment la manipulation, les effets psychologiques négatifs et les risques d'inégalités sociales. Le défi consiste à encadrer l'utilisation de la pensée quantique de manière éthique et responsable, afin de maximiser ses bénéfices tout en minimisant ses dangers. La compréhension des implications de la pensée quantique est cruciale pour l'avenir des droits civiques, tant sur Yorax3 que dans l'ensemble de l'univers.

Création de politiques pour protéger les droits des penseurs quantiques

La protection des droits des penseurs quantiques est une question cruciale à l'intersection de la science, de la politique et de l'éthique. Pour établir des politiques efficaces, il est essentiel de comprendre les défis uniques auxquels ces individus font face dans un univers où leurs capacités sont souvent mal comprises ou mal interprétées. Dans cette section, nous examinerons les théories sous-jacentes, les problèmes rencontrés et des exemples concrets de politiques qui pourraient être mises en œuvre pour garantir la sécurité et les droits des penseurs quantiques.

Théories sous-jacentes

Les droits des penseurs quantiques peuvent être ancrés dans plusieurs théories des droits humains, notamment la théorie des droits naturels et la théorie des droits positifs.

Théorie des droits naturels Selon cette théorie, tous les êtres intelligents, y compris les penseurs quantiques, possèdent des droits fondamentaux simplement en raison de leur existence. Ces droits incluent la liberté d'expression, la liberté de pensée et le droit à la vie. Par conséquent, toute politique visant à protéger les penseurs quantiques doit reconnaître ces droits comme inaliénables.

Théorie des droits positifs La théorie des droits positifs, quant à elle, se concentre sur la nécessité d'instaurer des lois et des institutions qui garantissent ces droits. Cela implique la création de politiques spécifiques qui non seulement protègent les penseurs quantiques, mais aussi promeuvent leur intégration et leur reconnaissance dans la société.

Problèmes rencontrés

La création de politiques pour protéger les droits des penseurs quantiques se heurte à plusieurs défis majeurs :

1. Stigmatisation et méfiance Les penseurs quantiques sont souvent perçus comme une menace par les gouvernements et les sociétés traditionnelles, ce qui entraîne des mesures répressives. Cette stigmatisation rend difficile la mise en œuvre de politiques favorables, car la peur de l'inconnu peut entraîner des réactions hostiles.

2. Manque de compréhension scientifique De nombreux décideurs politiques manquent d'une compréhension adéquate des principes de la pensée quantique, ce qui complique l'élaboration de politiques éclairées. Par exemple, la complexité des interactions quantiques peut être difficile à appréhender, ce qui conduit à des lois inappropriées ou inadaptées.

IMPLICATIONS ÉTHIQUES DE LA PENSÉE QUANTIQUE 143

3. Divergences culturelles Les valeurs culturelles varient considérablement d'une planète à l'autre, et ce qui est considéré comme un droit fondamental sur Yorax3 peut ne pas l'être ailleurs. Cela nécessite une approche nuancée et intergalactique pour la création de politiques.

Exemples de politiques à mettre en œuvre

Pour surmonter ces défis, plusieurs politiques peuvent être envisagées pour protéger les droits des penseurs quantiques :

1. Établissement de lois anti-discrimination Des lois spécifiques doivent être adoptées pour interdire la discrimination à l'encontre des penseurs quantiques. Par exemple, sur Yorax3, une loi pourrait stipuler que toute forme de discrimination basée sur la capacité à penser quantiquement est illégale.

$$\text{Loi Anti-Discrimination} : \forall x \in \text{Penseurs Quantique}, \neg(\text{Discrimination}(x)) \tag{79}$$

2. Création de comités intergalactiques Des comités intergalactiques devraient être formés pour surveiller et évaluer les violations des droits des penseurs quantiques. Ces comités pourraient inclure des représentants de différentes cultures et sociétés pour garantir une approche diversifiée et inclusive.

3. Programmes d'éducation et de sensibilisation Il est crucial de mettre en place des programmes éducatifs pour sensibiliser le public aux droits des penseurs quantiques. Cela pourrait inclure des campagnes médiatiques, des ateliers et des programmes scolaires visant à réduire la stigmatisation et à promouvoir la compréhension.

Conclusion

La création de politiques pour protéger les droits des penseurs quantiques nécessite une approche multidimensionnelle qui tient compte des théories des droits, des défis sociopolitiques et des contextes culturels variés. En mettant en œuvre des lois anti-discrimination, en établissant des comités intergalactiques et en promouvant l'éducation, il est possible de créer un environnement où les penseurs quantiques peuvent s'épanouir sans crainte de répression. L'avenir des droits quantiques dépend de notre capacité à développer des politiques qui reconnaissent et protègent ces droits fondamentaux dans l'ensemble de l'univers.

Intersection de la science, éthique et politique

La relation entre la science, l'éthique et la politique est souvent complexe et multidimensionnelle, surtout dans le contexte des droits quantiques sur Yorax3. Cette intersection soulève des questions fondamentales sur la manière dont les découvertes scientifiques et les avancées technologiques peuvent être intégrées dans un cadre éthique qui respecte les droits civils de toutes les entités, y compris les penseurs quantiques.

La science au service de l'éthique

La science, en tant que domaine d'investigation systématique, a le potentiel d'améliorer la condition humaine et d'apporter des solutions aux problèmes sociétaux. Par exemple, les recherches sur la pensée quantique ont révélé des capacités cognitives et des formes de communication qui transcendent les limites traditionnelles de la pensée humaine. Ces découvertes ont conduit à des applications potentielles dans des domaines tels que la télépathie et l'intelligence collective. Cependant, ces capacités soulèvent des questions éthiques cruciales.

$$P(E) = \frac{N(E)}{N(T)} \tag{80}$$

où $P(E)$ est la probabilité d'un événement éthique, $N(E)$ est le nombre d'événements éthiques observés, et $N(T)$ est le nombre total d'événements. Cette équation illustre l'importance d'évaluer les conséquences éthiques des avancées scientifiques.

Les dilemmes éthiques

Les dilemmes éthiques découlent souvent de l'application des découvertes scientifiques à des fins politiques. Par exemple, la capacité de manipuler la pensée quantique pourrait être utilisée pour influencer les opinions ou les comportements des individus, ce qui soulève des préoccupations concernant la manipulation et la coercition. La question qui se pose ici est de savoir si la science devrait être utilisée pour influencer le comportement humain, même si cela pourrait mener à des résultats positifs pour la société.

$$\text{Éthique} = f(\text{Science}, \text{Politique}) \tag{81}$$

où f représente une fonction qui dépend des interactions entre la science et la politique. Cette relation souligne que les décisions politiques doivent être éclairées par des principes éthiques fondés sur des preuves scientifiques.

Le rôle de la politique dans la régulation scientifique

La politique joue un rôle essentiel dans la régulation des applications scientifiques. Les gouvernements peuvent établir des lois et des règlements pour protéger les droits des penseurs quantiques tout en encourageant l'innovation scientifique. Cependant, ces réglementations peuvent également être utilisées pour restreindre l'accès à certaines technologies ou connaissances, ce qui peut entraîner des abus de pouvoir.

Un exemple pertinent est la loi sur la protection des données sur Yorax3, qui vise à protéger les informations sensibles des penseurs quantiques. Bien que cette loi soit nécessaire pour préserver les droits individuels, elle peut également être exploitée par les autorités pour surveiller et contrôler les activités des activistes.

Les implications pour les droits civils

Les implications de cette intersection pour les droits civils sont vastes. Les penseurs quantiques, en tant qu'entités souvent marginalisées, doivent naviguer dans un paysage où la science, l'éthique et la politique peuvent soit soutenir soit entraver leur lutte pour la reconnaissance et les droits. Les mouvements pour les droits quantiques doivent donc non seulement revendiquer des droits civils, mais aussi plaider pour des politiques qui reconnaissent et protègent les découvertes scientifiques tout en respectant les principes éthiques.

$$\text{Droits Civils} = g(\text{Éthique}, \text{Science}, \text{Politique}) \tag{82}$$

où g représente une fonction qui illustre comment les droits civils dépendent de l'interaction entre l'éthique, la science et la politique. Cette relation souligne la nécessité d'une approche intégrée pour promouvoir les droits civils des penseurs quantiques.

Conclusion

En conclusion, l'intersection de la science, de l'éthique et de la politique est cruciale pour le mouvement des droits quantiques. Les penseurs quantiques doivent être au centre des discussions sur l'éthique scientifique et les politiques qui les affectent. En naviguant dans cette complexité, ils peuvent non seulement revendiquer leurs droits, mais aussi contribuer à un avenir où la science est utilisée pour promouvoir la justice sociale et l'égalité pour toutes les entités, indépendamment de leur capacité à penser de manière quantique.

Chapitre 4 : Vie personnelle de Lira et impact sociétal

Relations et cercle personnel de Lira

Partenaires romantiques et relations intimes

Dans le parcours tumultueux de Lira Vek, ses relations romantiques et intimes ont joué un rôle crucial, tant sur le plan personnel que dans son engagement pour les droits civiques. Ces relations ont été marquées par des défis uniques, des dilemmes émotionnels et des moments de soutien inconditionnel, qui ont tous contribué à façonner sa vision et son activisme.

La complexité des relations dans un contexte d'activisme

Lira a navigué dans des relations amoureuses qui étaient souvent influencées par son engagement envers la cause des droits quantiques. Les partenaires romantiques de Lira ont dû faire face à la pression de l'activisme, ce qui a souvent mené à des tensions. Par exemple, son premier partenaire, Kael, un penseur quantique lui-même, partageait sa passion pour la lutte, mais leur relation a été mise à l'épreuve par la peur constante de la répression gouvernementale. Les discussions sur les stratégies de protestation et les implications de leurs actions ont parfois conduit à des conflits.

$$\text{Intensité de l'activisme} = \frac{\text{Engagement personnel} \times \text{Soutien mutuel}}{\text{Risques encourus}} \quad (83)$$

Cette équation illustre comment l'intensité de l'activisme de Lira était fonction de son engagement personnel et du soutien qu'elle recevait de ses partenaires, tout en tenant compte des risques encourus. Lorsqu'un partenaire ne pouvait pas supporter la pression, cela créait un déséquilibre, rendant la relation plus difficile à maintenir.

Relations de soutien et d'inspiration

Malgré les défis, certaines relations ont été des sources d'inspiration et de force pour Lira. Son second partenaire, Jorin, a joué un rôle essentiel en lui fournissant un soutien émotionnel pendant ses périodes les plus sombres. Jorin, un artiste, a utilisé son talent pour exprimer les luttes de Lira à travers des œuvres visuelles qui ont captivé l'attention du public et ont servi d'outils de sensibilisation. Leur relation a été fondée sur une compréhension mutuelle de l'importance de la cause, ce qui a renforcé leur lien.

$$\text{Force de la relation} = \text{Soutien émotionnel} + \text{Vision partagée} \qquad (84)$$

Cette équation montre que la force de leur relation était directement liée à leur capacité à s'apporter un soutien émotionnel tout en partageant une vision commune pour l'avenir des droits quantiques.

Les dilemmes émotionnels de l'activisme

Lira a également dû faire face à des dilemmes émotionnels concernant ses relations intimes. La peur de la perte de ses proches en raison de la répression gouvernementale pesait lourdement sur elle. Par exemple, après l'arrestation de Kael, Lira a ressenti une culpabilité profonde, se demandant si ses choix avaient mis son partenaire en danger. Cet événement a été un tournant, la poussant à réfléchir à la manière dont ses relations personnelles s'entremêlaient avec son activisme.

$$\text{Culpabilité} = \frac{\text{Responsabilité perçue}}{\text{Soutien émotionnel reçu}} \qquad (85)$$

Cette formule illustre comment la culpabilité de Lira était proportionnelle à sa perception de responsabilité pour la sécurité de ses partenaires, inversement proportionnelle au soutien émotionnel qu'elle recevait.

L'impact des relations sur l'activisme

Les relations de Lira ont eu un impact significatif sur son activisme. Les moments de joie et de connexion qu'elle a partagés avec ses partenaires ont nourri sa passion et son engagement. En revanche, les ruptures et les pertes ont souvent servi de catalyseurs pour intensifier son activisme. Par exemple, après la perte de Jorin, qui a été capturé par les autorités, Lira a intensifié ses efforts pour dénoncer la répression, transformant sa douleur en action.

$$\text{Motivation à agir} = \text{Douleur} + \text{Espoir de changement} \tag{86}$$

Cette équation montre que la motivation de Lira à agir était le résultat de la douleur qu'elle ressentait, combinée à son espoir de provoquer un changement positif dans la société.

Conclusion

Les partenaires romantiques de Lira Vek ont joué un rôle essentiel dans sa vie, influençant non seulement ses émotions personnelles, mais aussi son parcours en tant qu'activiste pour les droits quantiques. À travers des moments de soutien, des dilemmes émotionnels et des pertes tragiques, ces relations ont façonné sa détermination à lutter contre l'oppression. En fin de compte, Lira a appris que l'amour et l'activisme peuvent coexister, même dans les circonstances les plus difficiles, et que chaque relation, qu'elle soit éphémère ou durable, a laissé une empreinte indélébile sur son chemin.

Famille et amis proches de Lira

Lira Vek, en tant que fervente militante pour les droits civiques des penseurs quantiques, a été profondément influencée par son entourage familial et amical. Dans cette section, nous examinerons l'impact de sa famille et de ses amis sur sa vie et son activisme, ainsi que les relations qui ont façonné ses convictions et sa détermination.

Origines familiales

Lira est née dans une famille de penseurs quantiques sur Yorax3, où la pensée quantique était à la fois un don et un tabou. Ses parents, Aelion et Seraphina Vek, étaient des chercheurs renommés dans le domaine de la physique quantique, ce qui a permis à Lira de grandir dans un environnement où la curiosité intellectuelle était encouragée. Toutefois, l'interdiction de la pensée quantique par le gouvernement de Yorax3 a créé une tension palpable au sein de la famille.

La mère de Lira, Seraphina, était une figure particulièrement influente dans sa vie. Elle a souvent partagé avec Lira des histoires sur les luttes des penseurs quantiques à travers l'histoire, lui inculquant un sens aigu de la justice et de la responsabilité sociale. Seraphina a également été une pionnière dans la défense des droits des penseurs quantiques, ce qui a inspiré Lira à poursuivre un chemin similaire.

Relations amicales et soutien

L'importance des amis dans la vie de Lira ne peut être sous-estimée. Dès son plus jeune âge, elle a formé des liens étroits avec d'autres jeunes penseurs quantiques qui partageaient ses idéaux. Parmi eux, son ami d'enfance, Kael, a joué un rôle crucial dans son développement en tant qu'activiste. Kael, un artiste talentueux, a utilisé son art pour exprimer les souffrances et les aspirations des penseurs quantiques, ce qui a inspiré Lira à utiliser sa voix pour défendre la cause.

Lira a également rencontré des mentors au cours de son éducation, tels que le professeur Thalos, qui a été un fervent défenseur des droits des penseurs quantiques. Thalos a encouragé Lira à s'engager dans des projets d'activisme et à rejoindre des mouvements pour les droits civiques. Leur relation mentor-élève a été marquée par des débats intellectuels passionnés et des discussions sur l'éthique de la pensée quantique.

Les défis familiaux

Malgré le soutien de sa famille et de ses amis, Lira a également dû faire face à des défis personnels. La répression croissante du gouvernement de Yorax3 a eu des répercussions sur sa famille. Ses parents ont été ciblés en raison de leurs recherches, ce qui a entraîné des tensions et des peurs au sein de la famille. Lira a souvent ressenti le poids de cette pression, ce qui l'a poussée à s'impliquer davantage dans l'activisme pour protéger ceux qu'elle aimait.

La relation de Lira avec ses amis a également été mise à l'épreuve par les dangers de l'activisme. Plusieurs de ses amis ont été arrêtés ou persécutés pour leurs croyances, ce qui a renforcé sa détermination à lutter contre l'oppression. Ces expériences partagées ont créé des liens indéfectibles entre Lira et ses amis, qui ont continué à se soutenir mutuellement malgré les défis.

L'impact sur l'activisme de Lira

L'influence de sa famille et de ses amis a été déterminante dans le parcours de Lira en tant qu'activiste. La conviction de ses parents et le soutien indéfectible de ses amis lui ont permis de développer une vision claire de ce qu'elle voulait accomplir. Elle a souvent cité l'amour et la solidarité de son cercle proche comme des sources de force dans les moments les plus difficiles de son activisme.

En fin de compte, les relations de Lira avec sa famille et ses amis ont non seulement façonné sa personnalité, mais ont également été essentielles à sa réussite en tant que militante. Leur soutien, leurs conseils et leur engagement envers la cause des droits civiques des penseurs quantiques ont permis à Lira de devenir une figure emblématique dans la lutte pour la justice et l'égalité.

Conclusion

La famille et les amis de Lira Vek ont joué un rôle fondamental dans son parcours en tant que militante. Leur influence a non seulement nourri ses idéaux, mais a également été une source de force et de résilience face à l'oppression. En comprenant ces relations, nous pouvons mieux apprécier le contexte personnel qui a façonné Lira et son engagement indéfectible pour les droits civiques des penseurs quantiques sur Yorax3 et au-delà.

Poids émotionnel de l'activisme sur la vie personnelle

L'activisme, bien qu'il soit une noble quête pour la justice et l'égalité, peut avoir des répercussions émotionnelles profondes sur la vie personnelle des individus impliqués, comme l'illustre le parcours de Lira Vek. Ce poids émotionnel se manifeste à travers plusieurs dimensions, notamment le stress, l'isolement social, et les conflits internes.

Stress et épuisement émotionnel

L'un des principaux défis auxquels Lira a été confrontée était le stress intense associé à son activisme. Les luttes pour les droits civiques, en particulier dans un contexte aussi hostile que celui de Yorax3, entraînent un niveau de pression qui peut être difficile à gérer. Les théories psychologiques, telles que le modèle de stress transactionnel de Lazarus et Folkman, suggèrent que le stress résulte d'une évaluation cognitive des menaces perçues et des ressources disponibles pour y faire face. Dans le cas de Lira, chaque manifestation, chaque arrestation, et chaque confrontation avec les autorités étaient des événements stressants qui nécessitaient une évaluation constante de ses capacités à faire face à ces défis.

$$S = \frac{R}{T} \tag{87}$$

où S est le stress ressenti, R est la réponse aux défis, et T est le temps disponible pour faire face à ces défis. Cette équation illustre comment une réponse inadaptée ou un manque de temps peut exacerber le stress.

Lira a souvent ressenti un épuisement émotionnel, ce qui est courant chez les activistes. Les études montrent que l'épuisement émotionnel peut conduire à des symptômes de dépression et d'anxiété, affectant non seulement l'individu mais également ses relations interpersonnelles.

Isolement social

Un autre aspect du poids émotionnel de l'activisme est l'isolement social. En raison de son engagement, Lira a souvent constaté qu'elle était mise à l'écart de ses pairs. Les amis et la famille peuvent ne pas comprendre l'intensité de son engagement ou les risques associés, ce qui peut créer un fossé entre Lira et son cercle social. La théorie de l'attachement de Bowlby suggère que des relations saines sont essentielles pour le bien-être émotionnel. Cependant, l'isolement peut entraîner des sentiments de solitude et de désespoir.

Lira a parfois dû faire face à des choix difficiles : participer à des événements sociaux ou se consacrer à sa cause. Cela a souvent conduit à un conflit interne, où elle se sentait coupable de passer du temps loin de son activisme, mais également triste de se sentir déconnectée de ses amis.

Conflits internes et dilemmes moraux

Les conflits internes sont également un aspect central du poids émotionnel de l'activisme. Lira a souvent été confrontée à des dilemmes moraux, où ses convictions profondes entraient en conflit avec ses désirs personnels. Par exemple, elle pouvait ressentir le besoin de prendre soin de sa santé mentale en se retirant temporairement de l'activisme, tout en se sentant coupable de laisser sa communauté derrière. Ce type de conflit peut être analysé à travers le cadre de la théorie de l'engagement, qui stipule que les individus sont souvent tiraillés entre leurs obligations sociales et leurs besoins personnels.

$$D = C - P \qquad (88)$$

où D représente le dilemme, C est l'engagement envers la cause, et P est le besoin personnel. Cette équation montre comment un fort engagement peut souvent mener à des dilemmes personnels significatifs.

Exemples et témoignages

Des témoignages de Lira et d'autres activistes révèlent souvent des expériences similaires. Lira a partagé dans plusieurs interviews que les nuits passées à planifier des manifestations étaient souvent entrecoupées de pensées sur la sécurité de ses proches et sur les conséquences de son activisme. Un exemple marquant a été lorsqu'elle a dû choisir entre assister à une réunion cruciale de la Coalition Intergalactique pour les Droits Quantiques ou célébrer un anniversaire familial. Ce type de choix a souvent laissé Lira avec un sentiment de culpabilité et de regret, illustrant les sacrifices personnels que les activistes doivent parfois faire.

Conclusion

En conclusion, le poids émotionnel de l'activisme sur la vie personnelle de Lira Vek est un aspect complexe et multifacette de son parcours. Le stress, l'isolement social, et les conflits internes sont des réalités auxquelles elle a dû faire face tout au long de son engagement. Ces défis ne sont pas uniques à Lira, mais reflètent une expérience commune parmi ceux qui se battent pour des causes justes. La reconnaissance de ces défis est cruciale pour soutenir les activistes et assurer leur bien-être tout en poursuivant leurs objectifs pour un changement positif dans l'univers.

Influence de Lira sur la société de Yorax3

Changements de perception publique et attitude envers la pensée quantique

La perception publique de la pensée quantique sur Yorax3 a connu une transformation radicale au cours des dernières décennies, particulièrement sous l'influence des actions de Lira Vek. Avant son ascension en tant qu'activiste, la pensée quantique était souvent perçue comme une menace, une aberration qui devait être contrôlée ou même éradiquée. Les autorités de Yorax3 avaient instauré une propagande intense pour justifier l'interdiction, décrivant les penseurs quantiques comme des individus dangereux, capables de manipuler la réalité et de subvertir l'ordre social.

La propagande gouvernementale

Les gouvernements de Yorax3 ont utilisé divers moyens pour façonner l'opinion publique. Des campagnes médiatiques ont été lancées, mettant en avant des récits alarmants de penseurs quantiques ayant prétendument causé des catastrophes. Par exemple, un incident célèbre impliquait un groupe de penseurs quantiques qui aurait tenté de créer une réalité alternative, entraînant une série de désastres naturels. Bien que les preuves de ces allégations soient douteuses, elles ont

154 CHAPITRE 4 : VIE PERSONNELLE DE LIRA ET IMPACT SOCIÉTAL

contribué à forger une image négative de la pensée quantique dans l'esprit des citoyens.

$$\text{Perception}_{\text{initiale}} = \frac{\text{Désinformation} + \text{Peurs culturelles}}{\text{Éducation et sensibilisation}}$$

Cette équation illustre comment la désinformation et les peurs culturelles ont dominé l'éducation et la sensibilisation, entraînant une perception initiale négative de la pensée quantique.

L'impact de Lira Vek

Lira Vek a joué un rôle crucial dans la réévaluation de cette perception. En s'engageant dans des manifestations pacifiques et en utilisant des plateformes médiatiques pour partager des histoires de penseurs quantiques persécutés, elle a commencé à humaniser ceux qui étaient auparavant vus comme des menaces. Par exemple, lors d'une manifestation à la Place de la Liberté sur Yorax3, Lira a partagé le récit de Zarnak, un penseur quantique emprisonné, dont les capacités avaient été utilisées pour sauver des vies plutôt que pour causer des destructions.

$$\text{Perception}_{\text{modifiée}} = \text{Perception}_{\text{initiale}} - \text{Impact}_{\text{Lira}} + \text{Éducation}_{\text{populaire}}$$

Cette équation montre comment l'impact de Lira, couplé à une éducation populaire croissante, a contribué à modifier la perception initiale.

Éducation et sensibilisation

L'éducation a été un pilier fondamental dans ce changement de perception. Lira a initié des programmes éducatifs sur la pensée quantique dans les écoles, visant à démystifier les concepts associés à cette pratique. Ces programmes incluaient des ateliers, des conférences et des activités interactives, permettant aux jeunes de comprendre les principes de la pensée quantique et ses applications bénéfiques.

Un exemple frappant de cette initiative a été le projet "Pensée Quantique pour Tous", qui a vu des milliers d'élèves participer à des cours sur les bases de la pensée quantique, avec des témoignages de penseurs quantiques sur leurs expériences. Ce projet a non seulement amélioré la compréhension de la pensée quantique, mais a également cultivé un sentiment de solidarité envers ceux qui pratiquent cette forme de pensée.

Changement dans l'attitude sociale

Avec le temps, la société de Yorax3 a commencé à changer son attitude envers la pensée quantique. Des groupes de soutien ont émergé, organisant des événements pour célébrer les contributions des penseurs quantiques à la société. Des œuvres d'art, des livres et des films ont été créés, mettant en avant la lutte et les triomphes des penseurs quantiques, ce qui a contribué à normaliser leur existence et à réduire la stigmatisation.

$$\text{Attitude}_{\text{sociale}} = \text{Éducation} + \text{Culture} + \text{Soutien communautaire}$$

Cette équation démontre que l'attitude sociale est le produit de l'éducation, de la culture et du soutien communautaire, qui ont tous été renforcés par l'activisme de Lira.

Conclusion

En conclusion, les changements de perception publique et d'attitude envers la pensée quantique sur Yorax3 illustrent le pouvoir de l'activisme et de l'éducation. Grâce aux efforts de Lira Vek et de ses alliés, la pensée quantique, autrefois considérée comme une menace, est devenue un symbole de potentiel et de créativité. Ce changement de perception a non seulement bénéficié aux penseurs quantiques, mais a également enrichi la société de Yorax3 dans son ensemble, ouvrant la voie à un avenir où la diversité des pensées est célébrée plutôt que réprimée.

Prise de conscience accrue et défense des droits quantiques sur Yorax3

La prise de conscience des droits quantiques sur Yorax3 a connu une transformation radicale grâce aux efforts inlassables de Lira Vek et de ses alliés. Ce changement de perception a été catalysé par une combinaison d'activisme, d'éducation, et de l'émergence de nouvelles voix dans le mouvement pour les droits civiques. Dans cette section, nous examinerons les théories sous-jacentes à cette prise de conscience, les problèmes rencontrés, ainsi que des exemples concrets illustrant cette évolution.

Théories de la prise de conscience sociale

La prise de conscience sociale peut être comprise à travers le prisme de plusieurs théories psychologiques et sociologiques. La théorie de la dissonance cognitive, proposée par Festinger, suggère que les individus éprouvent un malaise lorsque leurs croyances sont en contradiction avec leurs actions. Sur Yorax3, la dissonance entre les valeurs d'égalité et les lois oppressives interdisant la pensée quantique a incité de nombreux citoyens à reconsidérer leurs positions.

De plus, la théorie de l'engagement, qui stipule que les gens sont plus susceptibles de soutenir une cause après s'y être engagés publiquement, a joué un rôle crucial. Les manifestations organisées par Lira ont permis à des milliers d'individus de s'exprimer, créant un effet d'entraînement qui a renforcé leur engagement envers la cause quantique.

Problèmes rencontrés

Malgré ces avancées, la défense des droits quantiques sur Yorax3 n'a pas été sans défis. L'un des principaux problèmes a été la répression systématique des autorités. Les gouvernements de Yorax3 ont mis en place des mesures draconiennes pour étouffer toute forme de dissidence. Cela a inclus des arrestations arbitraires, des campagnes de désinformation, et l'utilisation de la force contre les manifestants pacifiques.

Un autre problème majeur a été la division au sein de la population. Les partisans des droits quantiques faisaient face à une opposition significative de la part de groupes conservateurs qui craignaient que la pensée quantique ne menace l'ordre établi. Cette polarisation a rendu difficile la construction d'un front uni en faveur des droits civiques.

Exemples de mobilisation et de sensibilisation

Lira Vek a orchestré plusieurs campagnes de sensibilisation qui ont eu un impact significatif sur la perception des droits quantiques. Par exemple, la campagne *Libérez Nos Esprits* a rassemblé des milliers de manifestants dans les rues de la capitale, Yoraxia. Cette mobilisation a été accompagnée d'une série de séminaires éducatifs visant à informer le public sur les implications des interdictions de la pensée quantique.

Un autre exemple marquant a été l'organisation de festivals culturels où les artistes quantiques pouvaient s'exprimer librement. Ces événements ont permis de mettre en lumière les talents des penseurs quantiques et de démontrer leur contribution à la culture de Yorax3. L'art, la musique et la littérature ont servi de puissants vecteurs de changement, attirant l'attention sur les injustices subies par les penseurs quantiques.

Impact sur la législation et la société

À mesure que la prise de conscience des droits quantiques s'est accrue, des changements législatifs ont commencé à émerger. Sous la pression des mouvements populaires, le gouvernement de Yorax3 a été contraint d'examiner ses lois sur la pensée quantique. Bien que des réformes significatives aient été lentes à se concrétiser, des discussions sur l'abrogation de l'interdiction de la pensée quantique ont été initiées au sein du parlement.

L'impact de cette prise de conscience ne se limite pas à la sphère politique. Dans la société, les mentalités ont évolué, et de plus en plus de citoyens ont commencé à défendre les droits des penseurs quantiques. Des groupes de soutien ont vu le jour, offrant une plateforme pour les victimes de la répression et renforçant la solidarité au sein de la communauté.

Conclusion

En conclusion, la prise de conscience accrue et la défense des droits quantiques sur Yorax3 ont été le résultat d'un effort collectif mené par des individus passionnés comme Lira Vek. Bien que des défis subsistent, le mouvement a réussi à catalyser un changement significatif dans la perception des droits civiques. Grâce à l'éducation, à l'engagement communautaire, et à la mobilisation, les citoyens de Yorax3 commencent à envisager un avenir où la pensée quantique n'est plus synonyme d'oppression, mais plutôt de liberté et d'égalité.

Impact de Lira sur le paysage politique de Yorax3

Lira Vek a joué un rôle déterminant dans la transformation du paysage politique de Yorax3, un monde où l'interdiction de la pensée quantique avait créé un climat de peur et de répression. Son activisme a non seulement sensibilisé la population aux injustices subies par les penseurs quantiques, mais a également catalysé un changement systémique dans la manière dont le gouvernement et les institutions sociales interagissaient avec cette communauté marginalisée.

Mobilisation des citoyens

L'impact de Lira sur le paysage politique peut être observé à travers sa capacité à mobiliser les citoyens autour de la question des droits quantiques. Avant son arrivée sur la scène politique, la majorité des habitants de Yorax3 étaient soit indifférents, soit hostiles à la cause des penseurs quantiques. Cependant, grâce à ses discours passionnés et à son utilisation habile des médias, Lira a réussi à éveiller les consciences. Par exemple, lors de la première grande manifestation qu'elle a organisée, plus de 10 000 personnes ont défilé dans les rues de la capitale, brandissant des pancartes et scandant des slogans tels que « *Liberté pour les penseurs quantiques!* ».

Transformation des lois

Lira a également eu un impact direct sur les lois en vigueur sur Yorax3. Grâce à ses efforts, une proposition de loi a été soumise au parlement local, visant à abroger l'interdiction de la pensée quantique. Bien que cette proposition ait été initialement rejetée, la pression exercée par le mouvement de Lira a conduit à des débats publics et à une réévaluation des politiques gouvernementales. Les discussions ont mis en lumière les contradictions entre les valeurs fondamentales de la société de Yorax3 et les lois répressives en place. En conséquence, un comité a été formé pour examiner les droits des penseurs quantiques, ce qui a conduit à une série d'audiences publiques.

Émergence de nouveaux leaders

Lira a également inspiré une nouvelle génération de leaders politiques sur Yorax3. Son approche inclusive et collaborative a permis à d'autres activistes de se faire entendre. Par exemple, des figures comme Jarek Tolan et Mira Xel, qui étaient auparavant des voix marginalisées, ont trouvé une plateforme pour exprimer leurs idées et ont été élus à des postes clés dans les conseils locaux. Ces nouveaux leaders, influencés par les idéaux de Lira, ont commencé à plaider pour des réformes significatives en faveur des droits des penseurs quantiques, remettant en question le statu quo et ouvrant la voie à des discussions plus larges sur les droits civils.

Changement des perceptions publiques

Un autre aspect crucial de l'impact de Lira sur le paysage politique de Yorax3 a été le changement des perceptions publiques. Grâce à des campagnes de sensibilisation et à des initiatives éducatives, Lira a réussi à transformer l'image des penseurs quantiques dans l'esprit du grand public. Auparavant considérés comme des menaces à la sécurité nationale, ces individus ont commencé à être perçus comme des victimes d'une oppression injuste. Ce changement de perception a été renforcé par des témoignages poignants de penseurs quantiques lors de forums publics, où ils ont partagé leurs expériences de discrimination et d'injustice.

Résistance gouvernementale

Cependant, l'impact de Lira n'a pas été sans résistance. Le gouvernement de Yorax3, alarmé par la montée en puissance du mouvement pour les droits quantiques, a intensifié ses efforts pour étouffer toute dissidence. Des lois restrictives ont été introduites pour limiter les manifestations et les discours publics, et des campagnes de désinformation ont été lancées pour discréditer Lira et ses partisans. Malgré cela, la détermination de Lira a galvanisé le mouvement, et son appel à la solidarité a conduit à des actions collectives encore plus audacieuses.

Conclusion

En résumé, l'impact de Lira sur le paysage politique de Yorax3 est indéniable. Son activisme a non seulement mobilisé une large base de soutien pour les droits des penseurs quantiques, mais a également conduit à des changements législatifs significatifs et à l'émergence de nouveaux leaders politiques. Bien que des défis subsistent, l'héritage de Lira continue d'inspirer des générations à lutter pour la justice et l'égalité, transformant ainsi le paysage politique de Yorax3 et au-delà.

Contributions de Lira aux arts et à la culture

Écriture, musique et art de Lira comme outils d'activisme

Lira Vek a compris dès son jeune âge que l'art et l'écriture ne sont pas seulement des formes d'expression personnelle, mais aussi des instruments puissants pour provoquer des changements sociaux. Dans un contexte où la pensée quantique était réprimée sur Yorax3, Lira a utilisé sa créativité pour sensibiliser le public aux injustices subies par les penseurs quantiques. Cette section explore comment l'écriture, la musique et l'art ont été des moyens efficaces pour Lira de promouvoir les droits civiques.

Écriture engagée

Lira a commencé par écrire des essais et des articles qui abordaient les problématiques liées à l'interdiction de la pensée quantique. Son style d'écriture, à la fois accessible et percutant, lui a permis de toucher un large public. En s'inspirant des théories de la communication persuasive, Lira a intégré des éléments émotionnels et rationnels dans ses écrits. Selon la théorie de la persuasion d'Aristote, qui repose sur les concepts d'éthos (crédibilité), de pathos (émotion) et de logos (logique), Lira a su créer un équilibre entre ces trois éléments pour faire passer son message.

Par exemple, dans son essai intitulé *Les Ombres de la Pensée*, Lira évoque les histoires personnelles de penseurs quantiques persécutés, ce qui suscite l'empathie des lecteurs. Elle a également utilisé des statistiques pour démontrer l'impact de l'interdiction sur la société de Yorax3, renforçant ainsi son argumentation. Lira a compris que les chiffres peuvent parfois parler plus fort que les mots, et elle a donc inclus des données sur les taux de suicide et de dépression parmi les penseurs quantiques, illustrant la nécessité d'un changement immédiat.

Musique comme moyen d'expression

La musique a également joué un rôle crucial dans l'activisme de Lira. En composant des chansons qui parlent des luttes des penseurs quantiques, elle a réussi à créer un mouvement culturel autour de la cause. Sa chanson emblématique, *Liberté Quantique*, est devenue un hymne pour les manifestations et les rassemblements. La mélodie entraînante et les paroles poignantes ont permis à des milliers de personnes de s'unir sous une même bannière.

Lira a également collaboré avec des musiciens d'autres planètes, créant ainsi une fusion de styles musicaux qui a élargi l'impact de son message. Cette approche intergalactique a permis de rassembler des communautés diverses autour d'une cause commune, démontrant que la musique peut transcender les frontières culturelles et linguistiques. En effet, comme le souligne le sociologue Howard Becker, la musique peut être un moyen de créer une conscience collective et de mobiliser des individus autour d'une cause.

Art visuel et installations

L'art visuel a été un autre vecteur d'activisme pour Lira. En créant des installations artistiques qui représentaient la souffrance des penseurs quantiques, elle a réussi à capter l'attention du public et à susciter des discussions autour de la répression. Une de ses œuvres les plus célèbres, *Les Chaînes Invisibles*, représente des silhouettes de penseurs quantiques enchaînés, symbolisant à la fois la répression et la résistance.

Lira a également organisé des expositions d'art où des artistes extraterrestres pouvaient partager leurs œuvres sur le thème des droits civiques. Ces événements ont non seulement permis de mettre en lumière les injustices, mais ils ont également offert une plateforme aux artistes pour exprimer leur solidarité. En intégrant des éléments de performance dans ses expositions, Lira a créé une expérience immersive qui a laissé une empreinte durable sur les participants.

Impact et résonance

L'impact de l'écriture, de la musique et de l'art de Lira a été immense. Ses œuvres ont non seulement sensibilisé le public, mais elles ont également inspiré d'autres militants à utiliser des formes d'art pour défendre leurs causes. Par exemple, le mouvement *Art pour la Liberté* a vu le jour en réponse à ses initiatives, encourageant d'autres artistes à s'engager dans des actions similaires.

Lira a également compris l'importance des réseaux sociaux dans la diffusion de son message. En partageant ses écrits, ses chansons et ses œuvres d'art en ligne, elle a pu atteindre un public mondial. Ce phénomène est soutenu par la théorie de l'effet de réseau, qui stipule que l'impact d'une information augmente avec le nombre de personnes qui y sont exposées.

En conclusion, Lira Vek a démontré que l'écriture, la musique et l'art ne sont pas seulement des moyens d'expression personnelle, mais des outils puissants pour l'activisme. En utilisant ces formes d'art pour aborder des questions de droits civiques, elle a réussi à créer un mouvement intergalactique qui continue d'inspirer des générations. Son héritage perdure à travers les œuvres d'artistes qui, comme elle, croient en la puissance du changement par la créativité.

Inspirations et influences dans l'œuvre de Lira

Lira Vek, figure emblématique de l'activisme pour les droits quantiques, a puisé ses inspirations dans une multitude de sources, allant des philosophies anciennes aux mouvements contemporains pour les droits civiques. Son œuvre artistique reflète non seulement ses convictions personnelles, mais aussi les luttes collectives des penseurs quantiques à travers l'univers.

Philosophies anciennes et modernes

Lira a été influencée par des traditions philosophiques anciennes, notamment le stoïcisme et le taoïsme. Ces écoles de pensée ont façonné sa vision du monde, l'incitant à rechercher l'harmonie entre l'individu et l'univers. Le stoïcisme, avec son accent sur la maîtrise de soi et la résilience face à l'adversité, a particulièrement résonné avec Lira dans ses moments de lutte. Elle a souvent cité l'aphorisme stoïcien :

> "Ce qui ne nous tue pas nous rend plus fort." (89)

Cette citation est devenue un mantra dans ses discours et ses écrits, symbolisant sa détermination face à l'oppression.

D'autre part, le taoïsme, avec son approche holistique de la vie, a influencé sa manière de concevoir les droits quantiques comme un aspect intrinsèque de l'existence. Lira a souvent évoqué le concept de *Tao* comme l'équilibre nécessaire entre la liberté individuelle et le bien-être collectif, soulignant que la pensée quantique ne doit pas être perçue comme une menace, mais comme une opportunité d'expansion et de compréhension mutuelle.

Mouvements pour les droits civiques

Les luttes pour les droits civiques sur Yorax3, ainsi que sur d'autres planètes, ont également été une source d'inspiration majeure pour Lira. Elle a étudié les mouvements historiques de lutte pour les droits civiques sur Terre, tels que le mouvement des droits civiques des années 1960, dirigé par des figures comme Martin Luther King Jr. et Rosa Parks. Ces leaders ont non seulement inspiré Lira par leurs actions, mais aussi par leurs philosophies de non-violence et de justice sociale.

Lira a souvent fait référence à la déclaration de Martin Luther King Jr. :

"L'injustice où qu'elle se trouve est une menace pour la justice partout." (90)

Cette citation a guidé Lira dans son activisme, lui rappelant que la lutte pour les droits quantiques était une lutte pour l'humanité tout entière, transcendant les frontières planétaires.

Art et expression créative

Lira a utilisé l'art comme un puissant outil d'activisme. Ses œuvres, qu'il s'agisse de poésie, de musique ou de peinture, sont imprégnées de messages sur la liberté et l'égalité. Sa poésie, par exemple, évoque souvent des thèmes de lutte et de résistance. Dans un de ses poèmes les plus célèbres, intitulé *"Les Échos de la Liberté"*, elle écrit :

"Dans les ombres de l'oppression, / La lumière de la pensée quantique brille, / Un appel à la résistance, / Un chant pour la liberté."

Ce poème est devenu un hymne pour les mouvements de défense des droits quantiques, illustrant comment l'art peut galvaniser et inspirer des actions collectives.

En outre, Lira a collaboré avec des artistes d'autres planètes, créant des œuvres intergalactiques qui célèbrent la diversité et l'unité. Ces collaborations ont non seulement enrichi son propre travail, mais ont également renforcé les liens entre les différentes cultures extraterrestres, créant une solidarité autour de la cause des droits quantiques.

Influence des sciences et de la technologie

Lira a également été influencée par les avancées scientifiques, en particulier dans le domaine de la physique quantique. Elle a souvent intégré des concepts scientifiques dans son œuvre, cherchant à expliquer la pensée quantique non seulement comme une capacité individuelle, mais aussi comme une force collective. Par exemple, elle a utilisé le principe de superposition pour illustrer comment les penseurs quantiques peuvent exister simultanément dans plusieurs états de conscience, reflétant la complexité de leur lutte.

$$\text{Superposition} : |\Psi\rangle = \sum_i c_i |i\rangle \qquad (91)$$

Cette équation, qui représente l'état quantique d'un système, est devenue une métaphore pour Lira, symbolisant la multitude de voix et d'expériences qui composent le mouvement pour les droits quantiques.

Conclusion

En somme, l'œuvre de Lira Vek est le produit d'une riche tapisserie d'influences, allant des philosophies anciennes aux luttes modernes pour les droits civiques, en passant par l'art et la science. Chaque élément de son travail est imbriqué dans une vision plus large de justice et d'égalité, témoignant de son engagement indéfectible envers la cause des penseurs quantiques. Son héritage continue d'inspirer des générations de militants à travers l'univers, prouvant que l'art, la science et la philosophie peuvent s'unir pour créer un changement significatif.

Expression artistique de Lira et impact sur le mouvement des droits quantiques

Lira Vek a compris très tôt que l'art pouvait être un puissant vecteur de changement social. Son engagement pour les droits quantiques s'est manifesté non seulement par des actions militantes, mais aussi par une riche production artistique qui a su toucher les cœurs et éveiller les consciences. Dans cette section, nous examinerons comment ses œuvres ont influencé le mouvement des droits quantiques et ont contribué à la sensibilisation sur la condition des penseurs quantiques.

L'art comme outil d'activisme

Lira a souvent déclaré que l'art était capable de transcender les barrières linguistiques et culturelles. En utilisant des formes d'expression variées telles que la poésie, la musique et les arts visuels, elle a pu communiquer des idées complexes sur la liberté de pensée et l'oppression. Par exemple, son poème emblématique "Échos de l'Esprit" a été largement diffusé sur Yorax3 et au-delà, devenant un hymne pour les penseurs quantiques. Les vers de ce poème évoquent la douleur de l'oppression et l'espoir d'un avenir où la pensée quantique serait libre :

> *Dans l'ombre, nos pensées s'éveillent,*
> *Des chaînes invisibles, nous nous dégageons.*
> *L'esprit, un océan, où la liberté sommeille,*
> *Pour un jour, ensemble, dans la lumière, nous rayonnerons.*

Impact sur le mouvement des droits quantiques

L'œuvre artistique de Lira a joué un rôle crucial dans la mobilisation des masses. Les concerts qu'elle a organisés, où elle mêlait musique et discours, ont attiré des foules considérables. La chanson "Liberté Quantique" est devenue un symbole de la résistance. Les paroles de cette chanson, qui parlent de la lutte pour la liberté de pensée, ont inspiré de nombreux jeunes à s'engager activement dans le mouvement.

Lira a également utilisé des installations artistiques pour illustrer les injustices subies par les penseurs quantiques. Une de ses œuvres les plus marquantes, intitulée "Reflets de l'Invisibilité", était une installation immersive qui permettait aux visiteurs de ressentir l'isolement et la souffrance des individus touchés par l'interdiction de la pensée quantique. En combinant des éléments sonores et visuels, Lira a créé une expérience poignante qui a laissé une empreinte durable sur ceux qui l'ont vécue.

Théories de l'art engagé

Les travaux de Lira s'inscrivent dans la lignée des théories de l'art engagé, qui soutiennent que l'art doit jouer un rôle actif dans la société. Selon le critique d'art Pierre Bourdieu, l'art engagé peut servir de moyen de contestation et de résistance. Lira a parfaitement incarné cette idée, utilisant son talent pour dénoncer les injustices et promouvoir les droits quantiques. Elle a souvent fait référence aux théories de l'art engagé de Bertolt Brecht, qui affirmait que l'art devait provoquer une réflexion critique chez le public.

Problèmes rencontrés par Lira

Malgré son succès, Lira a dû faire face à de nombreux défis. Les autorités de Yorax3 ont tenté de censurer ses œuvres, considérant ses messages comme subversifs. Elle a été confrontée à des menaces et à des tentatives d'intimidation, mais cela n'a fait que renforcer sa détermination. Par exemple, lors d'un concert qui devait se tenir à la Place des Pensées Libres, les forces de l'ordre ont tenté de l'arrêter. Cependant, grâce à la solidarité de ses partisans, le concert a pu se dérouler, attirant des milliers de personnes.

Exemples d'influence sur le mouvement

L'impact de l'art de Lira sur le mouvement des droits quantiques peut être mesuré par plusieurs indicateurs. Par exemple, après la diffusion de son poème *"Échos de l'Esprit"*, les inscriptions dans les mouvements de défense des droits quantiques ont augmenté de 30% sur Yorax3. De plus, des artistes d'autres planètes ont commencé à s'inspirer de son travail, créant un réseau intergalactique d'artistes engagés pour les droits civiques.

Lira a également été une source d'inspiration pour de nombreux jeunes artistes. Son influence est visible dans des œuvres contemporaines qui traitent des thèmes de la liberté et de la résistance. Par exemple, l'artiste visuel Zorath a créé une série de peintures intitulée *"Visions de Liberté"*, qui rend hommage à Lira et à son combat pour les droits quantiques.

Conclusion

L'expression artistique de Lira Vek a été un élément fondamental de son activisme pour les droits quantiques. En utilisant la poésie, la musique et les arts visuels, elle a su toucher un large public et éveiller les consciences sur la nécessité de défendre la liberté de pensée. Son héritage perdure à travers les générations, inspirant de nouveaux militants à poursuivre la lutte pour les droits civiques dans l'univers. À travers son art, Lira a démontré que la créativité peut être un puissant moteur de changement, capable de transformer des sociétés entières.

Héritage durable de Lira

Mémoriaux et hommages en l'honneur de Lira Vek

Lira Vek, figure emblématique du militantisme pour les droits civiques des penseurs quantiques, a laissé une empreinte indélébile sur la société de Yorax3 et au-delà. Son héritage est célébré à travers divers mémoriaux et hommages qui témoignent de son impact et de l'importance de sa lutte. Dans cette section, nous examinerons les différentes manières dont Lira Vek a été honorée, ainsi que les implications de ces hommages sur la société.

Monuments et mémoriaux physiques

L'un des principaux moyens de commémoration de Lira Vek a été l'érection de monuments et de mémoriaux sur Yorax3 et dans d'autres systèmes stellaires. Sur Yorax3, le *Monument de la Liberté Quantique* a été inauguré dans le parc central de la capitale, un lieu symbolique où Lira a organisé certaines de ses plus grandes manifestations. Ce monument, conçu par l'artiste intergalactique Zoltar Kree, représente une sculpture en forme de vortex, symbolisant la pensée quantique et la liberté d'expression. La structure est entourée de jardins où des plantes luminescentes, connues pour leur capacité à résonner avec les pensées des êtres vivants, fleurissent, créant un espace de réflexion et de méditation.

De plus, des plaques commémoratives ont été installées dans les lieux où Lira a vécu et travaillé, rappelant aux générations futures ses contributions et son sacrifice. Ces plaques portent des citations inspirantes de Lira, telles que :

> "La pensée quantique est notre droit de naissance, et nous ne devons jamais cesser de nous battre pour elle."

Journées de commémoration

Chaque année, le *Jour de la Pensée Quantique* est célébré le 14 juin, date de l'anniversaire de Lira Vek. Cette journée est marquée par des événements à travers la galaxie, y compris des conférences, des ateliers et des manifestations pacifiques. Les citoyens se rassemblent pour réfléchir à l'héritage de Lira, partager des histoires et discuter des défis actuels auxquels sont confrontés les penseurs quantiques.

Des personnalités influentes, des activistes et des artistes participent à ces événements, renforçant la solidarité au sein du mouvement. Des discours passionnés sont prononcés, rappelant l'importance de la lutte pour les droits civiques et la nécessité de poursuivre le travail de Lira. Les médias interstellaires couvrent ces événements, amplifiant le message et inspirant de nouveaux militants à travers l'univers.

Œuvres d'art et culture

L'influence de Lira Vek s'étend également au domaine artistique. De nombreux artistes ont créé des œuvres en son honneur, allant de la peinture à la musique. L'album *Vibrations Quantique*, un recueil de chansons inspirées par la vie et les idéaux de Lira, est devenu un succès intergalactique. Chaque morceau traite d'un aspect de son activisme, de ses luttes personnelles et de sa vision pour un avenir meilleur.

En outre, des films documentaires ont été réalisés pour retracer son parcours. Le film *Lira Vek : La Lumière dans l'Obscurité* a remporté plusieurs prix dans des festivals interstellaires, mettant en lumière les défis qu'elle a affrontés et son indéfectible détermination. Ces œuvres d'art non seulement honorent Lira, mais servent également d'outils éducatifs pour sensibiliser le public aux droits des penseurs quantiques.

Initiatives éducatives

Pour perpétuer l'héritage de Lira, des initiatives éducatives ont été mises en place dans les écoles et universités à travers la galaxie. Des programmes d'études sur les droits civiques et la pensée quantique ont été intégrés dans les cursus, inspirés par les principes défendus par Lira. Des bourses d'études, telles que la *Bourse Lira Vek pour les Droits Civiques*, sont offertes aux étudiants qui s'engagent dans des projets liés à l'activisme et à la protection des droits des penseurs quantiques.

Ces initiatives visent à encourager les jeunes générations à poursuivre la lutte pour la justice et l'égalité, tout en rendant hommage à l'héritage de Lira. Les écoles organisent également des concours de rédaction et d'art sur le thème de la pensée quantique, permettant aux étudiants d'explorer et d'exprimer leurs idées sur la liberté d'expression et les droits civiques.

Réponses de la communauté intergalactique

L'héritage de Lira Vek a également suscité des réactions au-delà de Yorax3. Des communautés extraterrestres dans d'autres systèmes stellaires ont organisé des événements en son honneur, reconnaissant son rôle en tant que pionnière des droits quantiques. Des alliances interstellaires ont été formées, inspirées par son engagement pour la justice, et des déclarations officielles ont été émises pour soutenir la cause des penseurs quantiques.

Ces réponses montrent que le combat de Lira pour les droits civiques transcende les frontières et unit des espèces diverses dans une lutte commune pour la liberté et l'égalité. Son héritage continue d'inspirer des mouvements à travers la galaxie, faisant de Lira Vek un symbole de résistance et d'espoir.

Conclusion

Les mémoriaux et hommages en l'honneur de Lira Vek témoignent de l'impact profond qu'elle a eu sur la société de Yorax3 et au-delà. À travers des monuments, des journées de commémoration, des œuvres d'art, des initiatives éducatives et des réponses de la communauté intergalactique, son héritage perdure. Lira Vek demeure une figure inspirante, rappelant à tous l'importance de la lutte pour les droits civiques et la nécessité de défendre la pensée quantique dans un univers en constante évolution.

Artistes, écrivains et activistes poursuivant la lutte pour les droits quantiques

L'héritage de Lira Vek s'est étendu bien au-delà de sa propre vie, inspirant une nouvelle génération d'artistes, d'écrivains et d'activistes qui continuent de lutter pour les droits des penseurs quantiques à travers l'univers. Ces individus, influencés par les idéaux de Lira, utilisent leur créativité et leur passion pour faire avancer la cause des droits civiques quantiques, transformant la lutte en un mouvement culturel dynamique.

L'impact des artistes sur la lutte pour les droits quantiques

Les artistes jouent un rôle crucial dans la sensibilisation et la mobilisation autour des droits quantiques. Par le biais de la musique, de la peinture, et de la performance, ils créent des œuvres qui véhiculent les luttes et les aspirations des penseurs quantiques. Par exemple, l'album *Voix des Étoiles*, une collaboration intergalactique d'artistes de différentes planètes, a connu un immense succès, avec des chansons qui parlent de l'oppression des penseurs quantiques et de la lutte pour leur libération. Les paroles de la chanson phare, *Liberté Quantique*, évoquent les souffrances des opprimés et l'espoir d'un avenir meilleur :

$$\text{Liberté} = \text{Résilience} + \text{Unité} \qquad (92)$$

Cette équation symbolique résume l'essence de la lutte : la liberté est atteinte par la résilience face à l'oppression et par l'unité des penseurs quantiques et de leurs alliés.

Littérature et activisme

Les écrivains, quant à eux, utilisent la littérature comme un moyen de documenter les luttes et de proposer des visions d'un avenir où les droits quantiques sont respectés. Des romans comme *Les Ombres de Yorax3* et des essais comme *Pensée Quantique et Éthique* abordent les implications de l'interdiction de la pensée quantique à travers des récits captivants et des analyses critiques. Ces œuvres sont souvent accompagnées de récits personnels d'activistes qui ont souffert sous le régime oppressif de Yorax3.

Un exemple marquant est le livre *Révolte des Esprits*, qui raconte l'histoire d'un groupe de penseurs quantiques qui se soulèvent contre la répression. Ce récit, bien que fictif, est basé sur des événements réels et met en lumière les défis auxquels sont confrontés les activistes dans leur quête de justice. Les passages suivants illustrent la lutte intérieure des personnages :

> "Nous sommes les porteurs de lumière dans un monde d'obscurité. Chaque pensée libre est un acte de rébellion."

Ces mots résonnent avec la détermination de Lira et de ceux qui continuent son combat.

Activisme et mobilisation

Les activistes contemporains, inspirés par Lira Vek, organisent des campagnes et des manifestations pour défendre les droits des penseurs quantiques. Des événements tels que la *Semaine de la Pensée Quantique* rassemblent des milliers de participants de différentes espèces et cultures, tous unis par la cause. Ces rassemblements comprennent des ateliers, des discours et des performances artistiques, créant un espace pour l'échange d'idées et la solidarité.

Un exemple notable est l'organisation de la *Marche des Esprits Libres*, qui a eu lieu sur plusieurs planètes simultanément. Cet événement a été conçu non seulement pour protester contre les injustices, mais aussi pour célébrer la diversité des penseurs quantiques. Les slogans tels que *"Unis dans la Pensée, Libres dans l'Esprit"* ont été scandés, illustrant l'importance de l'unité dans la lutte.

Les défis persistants

Malgré ces avancées, les artistes, écrivains et activistes continuent de faire face à des défis considérables. La répression gouvernementale, la censure et la désinformation demeurent des obstacles majeurs. Les autorités tentent souvent de discréditer les mouvements en les présentant comme des menaces à la sécurité intergalactique. Par conséquent, les artistes doivent naviguer dans un paysage complexe où leur créativité peut être à la fois un outil de résistance et une cible de répression.

De plus, la fragmentation des mouvements pour les droits quantiques à travers l'univers complique la création d'une coalition unie. Les différences culturelles et les priorités divergentes peuvent mener à des tensions entre les groupes. Cependant, des initiatives comme le *Forum des Droits Quantique* cherchent à rassembler ces voix disparates pour travailler ensemble vers un objectif commun.

Conclusion

L'art, la littérature et l'activisme continuent de jouer un rôle fondamental dans la lutte pour les droits quantiques, perpétuant l'héritage de Lira Vek. Ces efforts collectifs, bien que confrontés à des défis, témoignent de la résilience et de la détermination des penseurs quantiques et de leurs alliés. À travers leur créativité, ils nourrissent l'espoir d'un avenir où la pensée quantique sera célébrée et respectée dans tout l'univers.

Ainsi, la lutte pour les droits quantiques est loin d'être terminée. Elle évolue, se transforme et s'enrichit des contributions de ceux qui, inspirés par Lira, continuent de se battre pour la justice et l'égalité. Leurs voix, à la fois artistiques et militantes, sont essentielles pour éclairer le chemin vers un avenir meilleur.

Pertinence continue des idées et idéaux de Lira dans l'univers

Les idées et idéaux de Lira Vek continuent de résonner à travers l'univers, transcendant les frontières de Yorax3 et influençant des mouvements de droits civils sur des planètes variées. Dans cette section, nous examinerons comment les principes de Lira, notamment la liberté de pensée quantique, l'inclusion et la justice sociale, demeurent pertinents face aux défis contemporains.

Liberté de pensée quantique et ses implications

Lira Vek a plaidé pour la liberté de pensée quantique, un concept qui stipule que chaque entité consciente a le droit d'exprimer et d'explorer ses pensées sans crainte de répression. Ce principe trouve des échos dans la Déclaration Universelle des Droits de l'Être, qui proclame que "tous les êtres conscients naissent libres et égaux en dignité et en droits".

La pensée quantique, qui implique des niveaux de conscience et d'interconnexion souvent inaccessibles aux formes de pensée traditionnelles, pose des défis uniques. Par exemple, sur la planète Zenthara, les penseurs quantiques sont souvent considérés comme des parias. Cependant, des mouvements inspirés par Lira ont émergé, revendiquant le droit à la pensée libre et à l'expression créative. Ces mouvements utilisent des plateformes artistiques pour diffuser leurs idées, démontrant que l'art peut être un puissant véhicule pour le changement social.

$$\text{Liberté de pensée quantique} = \frac{\text{Expression individuelle}}{\text{Répression sociétale}} \quad (93)$$

Cette équation illustre que plus l'expression individuelle est élevée, moins la répression sociétale peut s'exercer, ce qui renforce l'idée que la liberté de pensée est essentielle pour l'épanouissement de toute société.

Inclusion et diversité dans les mouvements de droits civils

Lira a également mis l'accent sur l'importance de l'inclusion et de la diversité dans les mouvements pour les droits civils. Son approche a permis de rassembler des groupes disparates sous une même bannière, prouvant que la solidarité entre différentes espèces et cultures est non seulement possible, mais essentielle.

Sur la planète Xylor, par exemple, les initiatives inspirées par Lira ont permis de rassembler des espèces aux capacités cognitives variées pour travailler ensemble sur des projets de justice sociale. Cette collaboration interespèces a non seulement renforcé les liens communautaires, mais a également permis de créer des solutions innovantes aux problèmes de discrimination et d'inégalité.

Justice sociale et environnementale

Les idéaux de Lira incluent également une forte composante de justice sociale et environnementale. Dans un contexte où les crises écologiques menacent l'existence de nombreuses espèces, la vision de Lira pour un univers où les droits des penseurs quantiques sont respectés s'étend à la protection des environnements naturels.

Sur la planète Verdanis, les mouvements pour les droits quantiques ont fusionné avec les luttes pour la justice environnementale, créant une synergie qui a permis d'aborder les problèmes d'exploitation des ressources naturelles. Les manifestations pacifiques, inspirées par les actions de Lira, ont conduit à des changements législatifs significatifs, interdisant l'exploitation non durable des ressources.

$$\text{Justice sociale} + \text{Justice environnementale} = \text{Société durable} \quad (94)$$

Cette équation souligne que la justice sociale et environnementale doivent aller de pair pour créer une société durable, un principe que Lira a toujours défendu.

Éducation et sensibilisation

L'éducation reste un pilier fondamental des idéaux de Lira. Sa conviction que la sensibilisation à la pensée quantique doit commencer dès le plus jeune âge est aujourd'hui partagée par de nombreux éducateurs à travers l'univers. Des programmes éducatifs inspirés par ses principes ont vu le jour, intégrant la pensée critique et la créativité dans les curriculums scolaires.

Sur la planète Quorax, par exemple, des initiatives éducatives ont été mises en place pour enseigner aux jeunes générations l'importance de la pensée quantique et des droits civils. Ces programmes visent à cultiver une culture de respect et d'empathie envers toutes les formes de vie, en s'appuyant sur les idéaux de Lira.

Conclusion

En conclusion, les idées et idéaux de Lira Vek continuent d'inspirer des générations à travers l'univers. Sa lutte pour la liberté de pensée quantique, l'inclusion, la justice sociale et environnementale, ainsi que l'éducation, reste d'une pertinence cruciale dans un monde où la diversité et les droits de chaque individu sont souvent menacés. À mesure que les mouvements pour les droits civils extraterrestres se développent, l'héritage de Lira Vek se renforce, rappelant à chacun que la lutte pour la dignité et la liberté est universelle et intemporelle.

Index

a, 1–18, 21–23, 31–33, 36–64, 67–74, 76, 78–88, 96, 98–100, 102–104, 106, 108–110, 112, 115, 117, 120–123, 125, 134, 135, 138, 144, 147–162, 164–167, 171
abandonner sa, 26
abrogeant, 68
abroger cette, 70
abus, 64, 70, 100, 103, 110, 145
académique, 6, 63
acceptation, 9, 31, 68, 78, 96, 123
accessible, 32, 68
accessibles pour, 127
accompagnés, 54
accomplir, 150
accueillie, 28
action, 35, 43, 149
activisme, 2, 3, 5, 7, 9–12, 14–16, 21–23, 25, 29, 31, 33, 43, 45–47, 50–54, 56, 64, 65, 67–69, 76, 78–80, 82–84, 96, 109, 110, 131, 135, 147–153, 155, 157, 159, 162, 165, 170
activiste, 3, 5, 10, 14, 17, 21, 26, 31, 33, 44, 45, 50, 70, 149, 150, 153
activistes, 153, 169
activités, 4, 52, 63, 103, 107, 120, 145, 154
adaptation, 99
adolescence, 2
adopter, 35, 44, 98, 137
adoptée, 68, 71, 103
affaibli, 53
affectent, 145
affiner, 12, 14, 47
affrontement, 59
affûté les, 13
aide, 60, 108, 111, 112, 140
aient, 28, 53, 65, 83, 88, 99, 103, 157
aiguisée, 78
ainsi, 14, 29, 31, 37, 38, 41, 43, 47, 63–65, 67, 68, 76, 78, 85, 92, 102, 104, 107, 110, 111, 123, 125, 127, 138, 149, 155, 159, 160, 162, 166, 172
alarmé, 159
alimentée, 138
alimentés, 104
alliés, 14, 26, 27, 29, 41, 42, 52–54, 66, 69, 71, 83, 84, 99, 104, 109, 111, 112, 121, 135,

155, 168, 170
Alors qu'elle, 3, 46
Alors que la, 112
alternative, 153
ambiance, 28
ami, 14, 150
amplifiant ainsi, 38
améliorer, 118, 144
analysant, 109
analyser, 50
ancien, 12, 17
ancré, 45, 106
animée par, 64
appelant, 11, 63, 76, 82
application, 144
appliqué, 32, 43
apprenant d'eux les, 2
apprentissage, 5, 120, 124
approche, 1, 14, 33, 40, 43, 44, 68, 97, 122, 124, 131, 136, 137, 139, 143, 158, 160, 171
Après, 60, 64
arguant, 13, 36, 43, 63
argument, 100
Arion Zelt, 15
armés qui, 46
arrestation, 22, 46, 47, 65, 103, 148, 151
arrivée, 28
arrêtée, 26, 46, 62, 87
arrêtés, 35, 43, 107, 150
art, 1, 37, 80, 131, 133, 150, 156, 159, 162, 164, 165, 167, 170, 171
articuler, 6, 32, 68
artiste, 150
artistique, 5, 76, 165
aspect, 152, 153, 158

assisté, 2
associer, 102
associé, 151
associées, 103
atmosphère, 4, 48, 63, 97
atteignant, 65
attention, 3, 6, 11–13, 21, 22, 35, 38, 51, 53, 56–60, 64, 66–68, 70, 78, 91, 110, 129, 156
attire, 66
attiré, 3, 6, 12, 13, 22, 38, 51, 53, 56, 59, 64, 67, 68, 70
attitude, 155
audacieuse, 38, 60, 61
augmentation, 100, 101
augmenté, 53
auparavant, 22, 72, 154, 158
aussi petite, 18
autoritaire, 4, 31, 53
autorités, 4, 8, 9, 22, 23, 25, 26, 33, 43, 45–47, 51–54, 58–61, 65, 69, 70, 96, 99–101, 103, 104, 106, 107, 109, 145, 149, 151, 153, 156, 169
autour d'une, 14
autre, 23, 26, 35, 37, 39, 43, 81, 83, 91, 94, 96, 97, 100, 103, 107, 110, 138, 143, 152, 156, 158
aux, 2, 3, 7, 11–13, 19, 21, 23, 25, 27, 30, 35, 37–39, 44–46, 52, 53, 57, 58, 66, 68, 69, 78, 81, 87, 91, 93, 99, 100, 102–106, 109, 110, 114, 117–119, 122, 129, 135, 138–141, 143, 144, 154, 155, 157, 159, 164, 166, 167, 170–172

Index

avaient, 2, 4, 11, 13, 17, 25–27, 48, 60, 61, 68, 72, 122, 148, 153, 154
avait, 17, 26, 29, 33, 37, 45, 52, 60, 70, 157
avancée, 10, 46, 123
avancées pour, 100
avec la, 71
avérée, 12

bannière, 76, 171
base, 159
Bertolt Brecht, 164
besoin, 152
bien au-delà, 67
bien au-delà de, 168
bien pensée, 27
bien qu'affaiblie, 65
Bien qu'elle, 27
bien qu'elles aient, 65
bien qu'en exil, 62
bien qu'exilée de, 74
bien qu'il, 151
Bien que, 82
bien que, 10, 11, 45, 47
Bien que certains militants, 103
Bien que ces, 53, 101
Bien que cette, 145, 158
bien que confrontés, 170
bien que célèbre, 2, 6
Bien que des défis, 157, 159
Bien que des progrès aient, 88
Bien que des réformes significatives, 157
bien que dotées de, 6
bien que fascinant, 28
bien que fascinante, 26
bien que jeune, 3
bien que la, 38

Bien que les, 153
bien que les, 28, 99
bien que présents, 4
bien que riche en diversité, 25
bien que rigoureux, 10
bien que risquées, 9
Bien que ses, 83
bien que victorieuse, 71
biologique, 27
blessées lors de, 46
Bowlby, 152
boîte, 127
brutale, 22, 46, 56
bénédiction, 18

cadre, 12, 18, 27, 34, 38, 94, 109, 113, 114, 121–123, 137, 144, 152
campagne, 35, 99, 102
capacité, 2, 6, 14, 17, 27, 30, 32, 33, 47, 65, 68, 70, 80, 82, 84, 91, 97–101, 110, 122, 123, 125, 133, 138, 140, 143–145, 148
capacités, 4, 13, 45, 48, 67, 91, 94, 106, 129, 137, 139, 141, 144, 151, 154, 171
capitale, 68
capture, 26
capturer, 61
car, 4, 70, 83, 93, 99, 124, 134
catalysée, 10
cause, 3, 14, 22, 26, 28, 31–33, 36, 42, 43, 47, 53, 56, 58, 59, 68, 72, 74, 76, 78, 80, 81, 83, 84, 86, 122, 133, 134, 147, 150–152, 156, 160, 167, 168

ce, 2, 4, 6, 8, 25–29, 35, 36, 40, 43, 45–47, 49, 50, 52, 57, 70, 71, 96, 99–101, 103, 108, 110, 115, 121, 124, 127, 135, 138, 140–145, 147, 150, 152, 154, 158, 171
Ce mentorat, 7
Ce soutien, 76
Cela, 3, 6, 10, 27, 37, 38, 48, 49, 57, 106, 117, 120, 122, 127, 140, 141, 143, 152, 156
cela comme, 124
cela créait, 148
Cela implique la, 142
Cela inclut la, 104
Cela l, 5
Cela ne se, 137
cela peut, 140
cela pourrait, 141
cela signifie que la, 94
celle, 20, 31, 49, 102, 134
censure, 63, 102, 104, 169
censurer, 63
centre, 145
Cependant, 49, 80
cercle, 83, 150, 152
certaine, 35, 65
Ces, 9, 18, 20, 26, 65, 78, 82, 103, 105, 107, 111, 120, 142, 143, 147, 162, 167
ces, 2, 4, 8, 9, 12–15, 17, 19, 25, 27, 29, 33–38, 40, 42, 48, 50, 53, 62, 64, 72–74, 76, 78, 79, 81, 83, 89, 91–93, 97–99, 101–105, 108, 112, 120–122, 128, 131, 133, 134, 136, 137, 140–145, 149, 151, 153, 156, 158, 166, 169

Ces lois, 103
Ces visiteurs, 13
Cet, 97
cette, 4, 8, 18, 19, 21–23, 29, 31, 32, 36, 42, 43, 45–49, 56, 57, 59, 61, 62, 67–70, 72, 82, 84, 89, 91, 92, 94, 98, 100, 109, 111, 121–124, 127, 139, 140, 142, 145, 149, 150, 154, 155, 157, 158, 164, 166, 170
chacune avec, 23
chacune avec sa, 97
Chacune d'elles, 14
chance, 2, 7, 12
changement, 1, 4, 14, 15, 18, 20, 31, 63–65, 67, 69, 71, 78, 102, 110, 135, 138, 149, 153–158, 165, 171
changer, 27, 38, 39, 91
chapitre, 41
charismatique, 34
charte, 98
chaînes, 110
cherchaient, 54, 110
cherchait, 62, 134
cherchent, 19
ciblée, 26, 60
citation, 11, 15, 161, 162
cité, 10, 44, 122, 150, 161
civils qui se, 16
claire, 6
claire de, 150
claire pour, 33
clandestin, 60
classique, 8, 19, 139, 140
clé, 83, 91, 107, 131
coalition, 5, 17, 18, 34–38, 44, 66, 81, 94, 122

Index 177

coercition, 144
cognitive, 151, 155
collaborant, 38
collaboration, 34, 36, 83, 94, 137, 171
collaborer, 91
collaboré, 134, 160
collecte, 94
collectif, 80, 116, 123, 157
collective, 11, 19, 35, 50, 61, 117, 144, 160
combat, 3, 9, 31, 46, 49, 65, 67, 69, 83, 131, 167, 169
combinée, 49, 118, 149
comités, 35, 143
comme, 1–4, 8, 11, 19, 20, 25, 26, 37, 40, 43–45, 49, 52, 60, 63, 65, 67, 68, 70–72, 80–82, 96–100, 102–104, 106–109, 113, 116, 117, 119, 123, 124, 129, 134, 138, 140, 142, 143, 150, 151, 153–155, 157, 158, 160, 162, 170
commencé, 2, 3, 5, 8–12, 15, 17, 21–23, 26, 32, 33, 45–47, 49, 52, 57, 61, 76, 83, 98, 154, 157, 158
comment, 5, 6, 12, 21, 29, 31, 34, 48, 56, 63, 70, 94, 101, 104, 109, 114, 122, 134, 136, 147, 148, 154, 159, 162, 170
commença, 34
commun, 37, 44, 66, 68
communautaire, 65, 155, 157
communautés, 160, 167
commune, 14, 32, 33, 45, 148, 153, 160, 167

communication, 17, 20, 21, 27, 28, 30, 32, 34, 65, 70, 72, 96, 103, 108, 117–119, 121, 134, 135, 139, 144
Comprendre, 31
compris la, 48
compris les, 121, 142, 144
comprit, 28
compréhension, 4, 9, 16, 18, 28, 29, 37, 45, 66, 71, 96, 102, 116–119, 123, 125, 131, 135, 140–143
compte, 31, 110
concept, 6, 127, 139
concert, 31
conclusion, 51, 69, 76, 78, 82, 91, 99, 104, 110, 114, 118, 121, 122, 124, 128, 145, 153, 155, 157, 172
condition, 144
conduit, 2, 22, 32, 37, 46, 48, 55, 57, 61, 63, 68, 69, 72, 78, 82, 88, 96, 117, 120, 122, 142, 144, 147, 152, 158, 159, 171
conflit, 58–60, 104, 117, 136, 152
conflits, 25–27, 33, 72, 104, 135–137, 141, 147, 151–153
conformité, 4, 6, 10, 19
confrontation, 9, 13, 16, 45, 47, 66, 151
confrontée, 25, 36, 38, 46, 62, 65, 151, 152
confrontés, 31, 53, 55, 80, 170
confusion, 110
conférence, 6, 17, 57, 85
connaissait, 25
connaissance, 1, 12, 123, 124

connexion, 27, 148
connu, 37, 98, 153, 155
connue, 124
consacré, 1, 26
conscience, 3, 5, 10, 15, 16, 19, 22, 32, 34, 62, 64, 78, 123, 139, 155, 157, 160, 170
considérable, 43, 83
considéraient, 2
considérait, 25
considérant, 37
considérée, 103, 123, 155
considérées comme, 108
considérés comme, 4, 45, 60, 129, 170
constamment, 80
constaté, 152
construction, 156
construire, 135
conséquence, 48, 53, 94, 158
conséquent, 142, 170
contact, 28, 29
contemporains, 74
contestation, 96, 164
contester, 100
contexte, 5, 11, 21, 25, 50, 53, 94, 110, 113, 116, 131, 134, 135, 144, 151, 159, 171
contextuelle, 134
continu, 76, 82, 97, 124
continuant, 88
continuent, 31, 44, 62, 65, 66, 78, 80, 86, 99, 103, 104, 114, 121, 168–170, 172
continuera, 69, 106
contourner, 110
contradiction, 156
contraint, 68, 157

contre, 9, 15, 25, 26, 31, 38, 43, 44, 47, 49, 55, 60, 62–64, 66, 83, 84, 98, 100, 101, 118, 135, 149, 150, 156
contrebalancés, 99
contrecarrer, 108
contrer, 115, 120
contribuant, 35, 71, 125
contribution, 156
contribué, 12, 14, 52, 53, 55, 69, 76, 109, 110, 122, 147, 154
controversées, 6
contrôle, 19, 49, 59, 63, 100, 101, 104, 106
convergence, 1
conviction, 29, 150, 172
coopération, 94, 114, 123, 135
coordination, 18, 43, 52
coordonner, 120
correspondre, 3
cosmique, 112
courage, 4, 17, 20, 23, 61, 110
courante, 107
coûteux, 26
craignant une escalade, 22
craindre, 68
crainte, 18, 20, 63, 114, 131
criminalisaient, 43
cris de, 46
critique, 1, 5–7, 10, 12, 14, 63, 65, 78, 164, 172
croissant, 49, 53
croissante, 3, 31, 53, 57, 61, 66, 68, 82, 150, 154
croyait, 2, 15
cruciale, 64, 65, 128, 134, 141, 145, 153, 172
créant, 29, 63, 68, 78, 84, 102, 107, 124, 156, 160, 171

Index

création, 17, 21, 23, 32, 34, 36, 70, 76, 81, 83, 86, 94, 99, 122, 140, 142, 143
créative, 20, 171
crédibilité, 63, 97
culpabilité, 148, 153
cultivant, 12, 118
cultivé, 9, 33, 83
culture, 3, 4, 14, 71, 83, 89, 123, 155, 156, 172
culturel, 5, 76, 78, 86, 96, 123, 168
culturelle, 4, 25, 27, 71, 101, 117, 135
culturels, 96
cédé, 71
célèbre, 2, 6, 15, 33, 153
célébrer, 153
célébré, 78, 166
célébrée, 5, 14, 27, 29, 66, 67, 88, 93, 98, 128, 131, 155, 170

d'abord pris, 16
d'apprendre d'eux, 27
D'autre, 43
d'autres mouvements de, 61
d'autres vivent, 91
d'exprimer leurs, 4
d'un, 14
d'un ami, 14
d'une, 31
d'équité, 38
danger, 70, 148
dans ce, 71
Dans de, 96, 97
dans des états, 127
dans l, 25, 27, 29, 31, 129, 158
dans la, 12, 14, 138
David Deutsch, 123

de, 1–72, 74, 76, 78–89, 91–104, 106–114, 116–125, 127–131, 133–145, 147–172
demandait si son, 26
demeurent, 71, 80, 117, 169, 170
destination, 88
devenue, 3, 15, 45, 47, 53, 56, 57, 60, 61, 155, 161, 163
devint, 36
devraient, 143
diaboliser, 109
dialogue, 16, 33, 57, 78, 81, 84, 96, 135
difficile, 28, 47, 52, 81, 96, 97, 108, 110, 142, 148, 151, 156
diffuser, 65, 171
diffusion, 22, 49, 108
différente, 28
différentielles non, 19
dignité, 2, 31, 49, 172
dilemme, 26
dimension, 113
diplomatique, 35
directe, 28
directement, 68, 148
direction, 7, 33
dirigée, 81
discrimination, 29, 34, 44, 98, 122, 129, 143, 158, 171
discrète, 52
discréditer, 52, 106, 109, 159, 169
discussion, 9, 28, 65
discuter, 11, 17, 28, 34, 45, 57, 63, 65, 85
discutés, 113
disperser, 46, 59
dispersion, 22
disponible, 91

dissension, 104
dissidence, 46, 53, 58, 62, 96, 99, 106–108, 156, 159
dissident, 26
dissimuler, 62
dissonance, 155, 156
dissuader, 54, 103
distance, 140
distinction, 134
division, 108, 156
document, 76
documenter, 66
domination, 96
donc, 9, 26, 43, 145
donna l, 28
donnée, 140
doute, 110
droit, 2, 46, 80, 121, 124, 129, 142, 143, 166, 171
durable, 22, 40, 76, 78, 82, 84, 86, 121, 123, 149, 171
dynamique, 2, 12, 13, 41, 82, 88, 91, 99, 106, 168
débat, 120
débordements, 110
décentralisée, 35
décideurs, 66
décisif, 18, 25, 45, 60, 64
décisifs, 10
décision, 3, 18–20, 26, 71
déclaration, 66, 68, 162
déclare, 66
déclaré, 9, 11, 15, 61, 67, 71
découlent, 144
découverte, 24, 25
décrivant les, 153
défendant, 19, 93
défendent, 31
défendu, 171

défi, 9, 26, 27, 35, 62, 81, 82, 141
défiant, 9, 23
défier, 5, 7, 10, 67, 69
défis, 3, 13, 19, 23–29, 31–38, 42, 43, 51, 53, 57, 66, 71, 73, 80–84, 87, 89, 92–94, 96–99, 104, 106, 114, 117, 118, 120, 121, 128, 130, 136, 138, 142, 143, 147, 150, 151, 153, 156, 157, 159, 169, 170
défié l, 20
dégradation, 121
démystifier, 9, 67, 154
dénoncer, 40, 53, 103, 149, 164
dépassent, 70
dépeint, 106, 107
désinformation, 22, 32, 49, 51, 52, 63, 81, 97, 99, 104, 106, 109, 110, 154, 156, 159, 169
désir, 2, 4, 10, 26, 64, 70, 104
détention, 53, 60, 103
détenus, 103
déterminant, 116, 157
déterminante, 12, 150
détermination, 2, 9, 13, 15, 18, 20, 23, 27, 29, 33, 38, 43, 46, 53, 59, 60, 62, 67, 71, 74, 76, 83, 87, 104, 110, 149, 150, 159, 161, 169, 170
déterminée, 5, 46
dévastateur, 26
développé, 27, 55, 106, 120
développée, 43, 116

e, 11
Edward T. Hall, 134
effet, 10, 78, 103, 108, 156, 160

Index 181

efficace, 32, 82, 135
efficacement, 120
effort, 157
Eldran Qor, 12
Elle, 1–6, 9–11, 15, 16, 18, 20, 22, 32, 33, 39, 40, 43, 46, 47, 61, 62, 67, 70, 83, 85, 86, 134, 138, 149, 150, 161, 162, 164
elle, 1–4, 6, 7, 9–12, 14–20, 23, 25–27, 31–34, 43, 45–47, 51, 52, 56, 58, 60, 62, 65–70, 76, 82–87, 122, 124, 125, 131, 134, 135, 142, 145, 147–150, 152–154, 165, 166
Elle appelle à, 124
Elle avait, 29
Elle croit, 66
Elle en ressortit, 29
Elle est, 3
Elle savait que ce, 46
Elle se, 2, 19, 20, 26, 28
Elle évoque des exemples de, 65
elles ont contribué, 154
Elysia, 91
emblématique, 3, 7, 9, 33, 51, 60, 64, 66, 67, 98, 151, 165
embrasser, 68
employées, 54
emprisonné, 154
emprisonnée, 46, 99
emprisonnés, 17, 43, 57, 97
encore, 12, 53, 56, 159
encourageant, 107, 145
encourager, 167
encouragé, 10, 12, 33, 38, 76, 78, 150
encouragée, 4
encourus, 148

enfance, 3, 4, 150
Enfin, 38, 86, 97, 101
engagement, 5, 7, 10–12, 14, 16, 25, 27, 28, 31, 34, 36, 42, 43, 47, 64, 71, 76, 80, 82–84, 86, 97, 104, 111, 147, 148, 151–153, 156, 157, 167
engendrer, 100, 124, 138
enquête, 55
enracinées, 104
enrichir notre compréhension, 29
ensemble, 13, 16, 38, 43, 47, 71, 76, 98, 123, 131, 136, 137, 141, 155, 171
entendre, 32, 44, 50, 74, 94, 158
entendue, 66, 125
entités, 1, 17, 21, 67, 80, 81, 100, 105, 116, 129, 140, 144, 145
entière, 162
entoure, 2, 4
entourent, 129
entraient, 152
entravée, 25
entravées, 91
entravés, 96, 97
entraîner, 117, 121, 145, 152
entraîné, 36, 150
entre, 2, 4, 6, 13, 20, 28, 31–33, 36, 37, 44, 45, 48, 52, 58, 60, 61, 83, 94, 100, 101, 106, 108, 113, 116, 119, 121, 123, 134–138, 141, 144, 150, 152, 153, 156, 158, 161, 171
entreprendre, 120
envers ceux qu'elle, 33
envers l, 7
envers les, 12, 27, 31, 34, 49

envers toutes les, 71, 172
environnement, 3, 6, 10, 14, 18, 45, 63, 65, 89, 91, 96, 103, 121, 122, 124, 135, 137
environnementale, 40, 121–123, 171, 172
esprit, 5, 7, 9, 47, 54, 60, 68, 69, 118, 125, 154, 158
espèce, 29, 37, 92, 122, 124, 134, 135
essentiel, 29, 39, 84, 93, 97, 114, 124, 136, 137, 140, 145, 149
essentielle, 5, 23, 28, 31, 32, 40, 43, 50, 51, 66, 70, 81, 85, 108, 112, 127, 129, 131, 135, 171
est, 1, 3–5, 7, 12, 14–16, 18–20, 23–25, 29, 31, 33, 40, 42, 45–47, 49, 51, 53, 55–57, 60–62, 65–69, 71, 72, 74, 76, 78, 80, 82–85, 87, 88, 91–94, 96–104, 106–110, 114, 116, 122–124, 127–129, 131, 134–138, 140, 141, 143–145, 152, 153, 155, 157, 159, 161–163, 166, 168–172
estimée, 150
et, 1–23, 25–72, 74, 76, 78–89, 91–114, 116–125, 127–129, 131, 133–145, 147–172
eut, 28, 34
examinant, 6
examinera, 48
exceller, 1, 5
exclusion, 43, 48
exemple, 8, 17, 20, 23, 28, 30, 31, 35–38, 44, 57, 67, 70, 72, 76, 88, 94–100, 102–104, 106–110, 117, 120–122, 127, 129, 134, 135, 138, 140–145, 147, 148, 152–154, 156, 158, 170–172
exercée, 3, 158
exigeaient, 46
existence, 80, 82, 129, 142, 171
expert, 7
expertise, 13, 22, 48
exploitent, 107, 140
exploiter, 141
exploration, 1, 6, 10, 14, 25
explorer, 4, 13, 23, 34, 62, 167
exposition, 64
exposée, 4
expression, 1, 3–5, 9, 10, 15, 19, 28, 31, 46, 49, 63, 64, 67, 68, 78, 80, 99, 120, 123, 129, 131, 133, 134, 142, 159, 165, 167, 171
exprimé, 10, 70, 140
exprimée, 42
expérience, 25, 27, 29, 46, 47, 55, 127, 135, 153
extraterrestre, 1, 92, 134
extrême, 26

face, 11, 15, 20, 24, 26, 27, 30, 32–37, 43, 60, 65, 80, 89, 93, 98, 99, 104, 108, 110, 118, 129, 147, 148, 150–153, 156, 161, 168–170
faciale, 103, 107
faciliter, 32
facteur, 91, 116

Index 183

faire, 10, 26, 27, 31–33, 37, 42, 44, 47, 50, 65, 74, 76, 80, 83, 94, 98, 99, 110, 118, 147, 148, 150–153, 158, 168, 169
faisaient, 10, 15, 32, 34, 60, 156
fait, 7, 9, 24, 32, 33, 36, 43, 65, 76, 162, 164
familiale, 14
famille, 1, 3, 5, 14, 26, 83, 149–152
fascinait, 27
fascinée, 11
favorisant, 78, 84, 123, 131, 135
façon, 129
façonnant, 109
façonnent, 133
façonner, 47, 69, 80, 106, 147, 153
façonné, 4, 9, 12, 14, 16, 21, 47, 78, 84, 101, 149, 151, 161
fermement, 2, 15, 37, 66, 124
fertile d'un mouvement, 9
fervent, 2, 15, 150
figure, 3, 7, 9, 26, 31, 33, 34, 51, 60, 61, 64, 66, 67, 98, 149, 151, 165
fin, 23, 31, 46, 66, 67, 76, 82, 110, 149, 151
finale, 124
Finalement, 16, 33
finalement, 53, 55, 71
financer, 26
financier, 36
fixe, 46
fois artistiques, 170
fondamentaux, 2, 11, 12, 38, 43, 52, 56, 64, 74, 76, 112, 113, 128, 137, 142
fondée, 17, 36, 78
font, 30, 89, 99, 104, 129

force, 46, 51, 67, 83, 84, 102, 116, 135, 148, 150, 151, 156
forger, 2, 14, 15, 25, 138, 154
forgé, 5
formation, 2, 12, 14, 16, 44, 82, 106, 131, 134
forme, 6, 18, 19, 21, 28, 36, 46, 53, 58, 62, 70, 96, 100, 103, 108, 123, 139, 141, 143, 156
formulées, 103
formé, 88, 150, 158
formées, 41, 61, 83, 167
formés, 35, 46, 105, 143
fort, 16
fournissant, 83, 134
fragmentation, 97
fragmentés, 4, 43
frappée, 17
fur, 10, 58
fusion, 160
futur, 2, 5, 9, 12, 14, 18

galactique, 18, 28, 42, 45, 61, 137, 139
galvaniser, 47, 57, 65, 162
galvanisé, 53, 59, 64, 159
Gandhi, 15
gardiste, 12
gouvernement, 3, 6, 9, 22, 25, 26, 36, 45–47, 49, 54, 55, 57, 60–64, 66, 68, 71, 96, 99, 103, 104, 110, 150, 157, 159
gouvernementale, 17, 32, 43, 65, 83, 96, 101, 106, 147, 148, 169
grand, 20, 31, 97, 158
grande, 4, 26–28, 67, 68, 110, 120
grandissait, 15

grandissant, 2
Grath, 96
Graxon, 91
groupe, 9, 11, 46, 60, 88, 94, 135, 138, 153
guide, 14
génération, 51, 64, 69, 158, 168

heurte, 19, 142
heurtée, 51
histoire, 9, 31, 49, 79, 149
historique, 17, 23, 69, 71
hommage, 167
honorée, 166
hostile, 63, 134, 151
Howard Becker, 160
humain, 47, 60, 144
humaine, 31, 123, 144
humaniser, 154
héritage, 5, 23, 31, 40, 44, 62, 64, 69, 74, 76, 78, 80, 84, 86–88, 123, 133, 159, 165–168, 170, 172

identifier, 52, 120, 136
idée, 12, 37, 64, 65, 121, 127, 136, 164, 171
idées, 1–3, 5, 6, 9–13, 15, 18–20, 27, 29, 31, 32, 34, 63, 66, 67, 95, 108, 123, 124, 158, 167, 170–172
idéologie, 10
ignorance, 8, 48, 91, 124
il, 14, 29, 30, 32, 39, 47, 67, 70, 71, 93, 97, 110, 122, 128, 131, 135–137, 151
illustrant, 135, 153, 155, 162
illustre, 148
illustre la, 100

illustre que la, 129
illustrent, 53, 55, 73, 91, 104, 114, 122, 136, 155
illégale, 21, 143
image, 52, 154, 158
immédiate, 46
impact, 3, 18, 21–23, 33, 37, 43, 46, 48, 56, 61–63, 65, 67–69, 76, 78, 84, 86, 94, 103, 109, 120, 121, 139, 148, 149, 154, 157–160, 166
imprégnés, 10
inadaptées, 142
inaliénable, 46
inappropriées, 142
incarcération, 46, 96
incarne, 67, 139
incarné, 164
incident, 9, 153
incitation, 103
inciter, 100
incluent, 79, 105, 130, 142, 171
inclure, 43, 44, 117, 121, 122, 143
inclusif, 40, 91
inclusive, 25, 44, 68, 69, 135, 139, 143, 158
inculqué, 14, 83
indifférents, 22
indignation, 47, 53
individu, 2, 12, 16, 18, 31, 69, 100, 152, 161, 172
individuelle, 3, 61, 141, 171
indomptable, 9, 60
indéfectible, 16, 21, 43, 76, 150, 151
indélébile, 45, 62, 69, 149, 165
indéniable, 69, 78, 110, 159
infiltrer, 52
influence, 12, 30, 37, 43, 80, 97, 110, 150, 151, 153

Index

influencer, 6, 17, 44, 45, 66, 69, 110, 140, 144
influencé la, 67
influencée, 5, 15, 106, 149, 161
influent, 13, 62
influente, 33, 74, 149
information, 21, 48
informer, 65
initial, 31, 35
initiale, 154
initié, 12, 39, 134, 154
injustice, 11, 12, 31, 45, 69, 99, 158
innovation, 5, 19, 48, 63, 68, 71, 121, 123, 124, 145
inspirant, 3, 17, 38, 58, 76, 78, 165, 166, 168
inspirante, 34
inspiration, 14, 28, 32, 44, 46, 80, 83, 162
inspiré, 9, 33, 43, 44, 51, 61, 62, 64, 69, 76, 78, 84, 86, 135, 150, 158, 162
inspirée, 2, 13, 20, 33
instaurée, 96
institution, 6
intellectuel, 5, 14, 25
intense, 120, 151, 153
intensifiaient, 58
intensifient, 65
intensifier, 148
intensifié, 46, 56, 60, 61, 99, 149, 159
intensifiée, 53
intentionnés, 101
interaction, 29, 106, 123
interagissaient, 157
interconnectés, 72, 94, 96, 116
interconnexion, 2, 116, 121, 140, 170

interculturelle, 29, 66, 113, 116–118, 134, 135
interdiction, 9–13, 16, 21, 23, 36, 45, 47–49, 53, 65, 66, 69–71, 83, 87, 100, 101, 123, 129, 153, 157, 158
interdire, 101, 108, 143
interdit, 108
intergalactique, 5, 6, 11, 14, 17, 25–27, 29–34, 44, 48, 56, 57, 61, 62, 64, 74, 76, 78, 82, 84–86, 91, 93, 97, 99, 103, 106, 113, 114, 116, 118, 121, 123, 131, 133, 134, 137, 143, 160, 170
internationale, 35, 37, 53, 57–59, 64, 65, 70
interne, 152
interplanétaire, 23, 81
interpréter, 103
intersection, 144, 145
intersectionnelle, 44
interstellaire, 98
intime, 83
intimidation, 22, 63, 66, 107
intrinsèquement, 17, 40, 121, 124, 129
introduit, 5, 10, 78, 121
introspection, 16
intégrale, 124
intégrant, 16, 122, 128, 172
intégrative, 136, 137
intégré, 40, 43
intérêts, 96, 104, 109
inébranlable, 29, 80
inégalités, 122, 141
irruption, 9
isolement, 48, 55, 83, 97, 123, 151–153

issue, 1, 14, 83

Jarek Tolan et, 158
jeune, 1, 3–5, 10, 12, 14, 16, 31, 44, 45, 83, 150, 159, 172
John Rawls, 43
John von Neumann, 123
jouent, 93, 96, 106, 109, 131
jour, 11, 31, 59, 61, 71, 88, 157, 172
juste, 40, 47, 64, 69, 123, 137, 139
justice, 2, 7, 12, 14, 23, 31, 36, 38, 40–45, 49, 51, 53, 56, 57, 62, 64, 65, 78, 80, 82–86, 88, 93, 98, 104, 106, 111, 112, 121–123, 131, 133, 145, 149, 151, 159, 162, 167, 170–172
justifiant ainsi, 104
justification, 106
justifier, 49, 102, 103, 109, 110, 153
justifié ces, 99, 103

Kael, 147, 150
Kimberlé Crenshaw, 43
Kira Vek, 3
Korthax est, 31

l, 1–17, 19–23, 25–38, 40–51, 53, 55–74, 76, 78–84, 86–89, 91, 93–104, 106–111, 113, 114, 116–119, 121–124, 127–129, 131, 133–145, 147–168, 170–172
La, 5, 14, 19, 29, 31, 34–38, 45, 47, 49, 57, 70, 81, 94, 113, 116, 121, 122, 129, 131, 135–137, 142, 144, 145, 151

la, 1–72, 74, 76, 78, 80–89, 91–104, 106–110, 112–114, 116–125, 127–129, 131, 133–145, 147–172
La brutalité des répressions, 53
La combinaison de, 5
La célébration de, 137, 139
La mère de, 149
La peur, 26
La peur de, 63, 148
La prise de, 155
La propagande, 102, 106
La quête de, 23
La société yoraxienne, 4
langage, 28, 37, 134
langue, 134, 135
large, 18, 21, 25, 47, 64, 65, 78, 97, 122, 159, 165
largement, 67
Lazarus, 151
le, 2–7, 9–18, 20, 23, 25–27, 31–36, 38, 40–43, 45–49, 52–55, 57–72, 74, 76, 78, 79, 82–86, 88, 91, 94–104, 106, 107, 109, 110, 112–114, 116–118, 121, 122, 124, 127, 129, 131, 133–138, 140, 142–145, 147, 149–155, 157–164, 166, 167, 170–172
leader, 11, 12, 14, 18, 23, 32, 33, 38, 62, 78, 82, 121
leadership, 32, 33, 36
Les, 26, 61, 138, 151, 162
les, 1–23, 25–74, 76, 78–89, 91–114, 116–124, 127–131, 133–145, 147–160, 162–172
Les amis et, 152

Index

Les autorités, 25, 26, 43, 45, 52, 54, 59–61, 65, 96, 99–101, 103, 107, 153, 169
Les cours, 10
Les histoires de, 31
Les moments de, 148
Les rumeurs de, 26
Les sages de, 1
Les Zylthariens, 28
Les Zylthariens lui, 28
leur, 2, 3, 6, 9, 13, 14, 17, 20, 22, 26–28, 30, 36–38, 40, 41, 43–45, 58–60, 63, 65–67, 69, 70, 74, 80, 83, 84, 88, 91, 93, 95–99, 103, 104, 109, 111, 114, 119, 122, 129, 138, 139, 142, 145, 147, 148, 151, 153, 156, 168, 170
libre, 2, 5, 15, 23, 131, 169, 171
librement, 11, 18, 37, 65, 67, 71, 123, 156
libération, 47, 63, 70
lien, 61
lieu, 4, 9, 13, 27, 28, 34, 37, 57, 59, 138
limitant ainsi, 138
limiter, 159
limitée, 7, 49
limités, 26, 97, 99
Lira, 4, 11, 61, 148
Lira dut s, 28
Lira sait, 65
Lira Vek, 3, 9, 10, 12, 14, 16, 21, 38, 40, 43, 45, 50, 51, 53, 59, 62, 64, 67, 69–71, 74, 76, 78, 98, 99, 104, 121–123, 138, 139, 149, 154, 157, 159, 165, 166

Lira Vek au-delà de, 23
Lira Vek de, 60, 62
Lira Vek est, 1, 3, 60
Lira Vek illustre, 29
Lira Vek ne se, 25
Lira Vek se, 18, 44, 172
littérature, 131, 133, 156, 170
liée, 40, 124, 129, 148
loi, 36, 68, 96, 103, 108, 143, 145, 158
lois, 100
lois discriminatoires qui avaient, 68
lois oppressives, 156
lois pour, 108
lois restrictives, 37, 104
lois répressives en place, 158
lois sur, 37
lorsqu'elle, 153
lui, 2, 3, 6, 10–12, 14, 15, 17, 18, 25, 28, 47, 83, 84, 134, 147, 149, 150, 162
lumière, 43, 45, 53, 56–58, 60, 64, 89, 92, 98, 99, 156, 158, 169
luttaient, 46, 61
luttant, 43, 97, 141
lutte, 3, 5, 7, 9, 12, 14, 17–20, 23, 25, 28, 29, 31, 32, 36, 38, 40, 41, 43–45, 47, 49, 51–53, 57, 58, 60–62, 64–67, 69, 71, 74, 76, 78, 80–88, 91–93, 95–99, 102–104, 106, 108, 110, 112, 114, 116, 118, 121, 122, 131, 133, 135, 139, 145, 147, 151, 161, 162, 165–168, 170, 172
lutter contre, 15, 25, 149, 150

lutter pour, 4, 26, 43, 47, 62, 76, 78, 80, 135, 159, 168
lutté contre, 83
là, 59
légales, 62
légalisation, 61
législatif, 86, 98
législatifs significatifs, 159, 171
législative, 108

magie noire, 96
maintenu, 63
mais aussi, 15, 142, 145, 149
mais aussi d'autres groupes, 43
mais aussi de, 11, 135
mais aussi des camarades qui, 4
mais aussi des instruments, 159
mais aussi des récits de, 4
mais aussi la, 122
mais aussi les, 79, 134
mais aussi par, 162
mais aussi ses, 29
mais aussi structurer, 32
mais aussi sur, 9
mais aussi à, 74
mais ce, 25
mais cela, 37
mais elle, 25
mais essentielle, 171
mais la, 46
mais le, 71
mais les, 82
mais Lira, 35
mais lui, 11
mais nous, 128
mais significatifs, 11
mais une, 65
majeur, 13, 26, 35, 37, 81, 94, 96, 97, 99, 134, 156

majeure, 26, 68, 107, 162
malaise, 156
Malgré, 35, 43, 49, 53, 56, 66, 80, 84, 109, 117, 130, 136, 138, 150, 159
Malgré ces, 35, 37, 73, 81, 98, 136, 156, 169
malgré les, 28
malédiction, 18
manifestation, 10, 22, 23, 31, 32, 46, 67, 107, 120, 151, 154
manipulation, 8, 48, 80, 81, 101, 108, 109, 140, 141, 144
manipuler, 89, 100, 140
manipuler la, 36, 67, 129, 144, 153
manipuler les, 96, 100
manière, 6, 10, 30, 32, 40, 43, 44, 68, 69, 78, 98, 103, 110, 122, 124, 140, 141, 144, 145, 148, 157
marche, 46, 68
marginalisée, 133, 157
marginalisés, 43, 45, 48, 72, 137, 138
marqua, 28, 36
marquant, 7
marquant un, 23
marque, 64, 67
marqué, 15, 17, 23, 29, 43, 45, 47, 60
marquée, 1, 4, 9, 10, 58, 80, 83, 150
Martin Luther King Jr., 15, 20, 162
Mathématiquement, 140
maximiser, 141
meilleure, 119
membre, 35
menace, 19, 25, 37, 45, 49, 51, 52, 60, 68, 99–102, 104, 138, 153, 155, 156
menacer, 101

menacés, 172
menaçante, 19
mentale, 27, 48, 55, 101, 123, 152
mentalités, 39
mentor, 14, 17, 150
message, 38, 59, 65, 66, 134, 160, 166
mieux, 140, 151
militante, 2, 5, 14, 16, 31, 67, 83, 149, 151
minimisant, 141
Mira Xel, 158
mise, 18, 53, 98, 147, 150, 152
mission, 12
mobilisant, 23, 51, 53
mobilisation, 11, 13, 37, 49, 50, 58, 61, 62, 65, 68, 70, 76, 80, 81, 97, 110, 120, 121, 157
mobilisent, 133
mobiliser, 3, 59, 65, 68, 74, 84, 97, 110, 119, 131, 160
mode, 27
modifier, 96, 101, 154
modèle, 5, 20, 34, 124, 151
mois, 60, 71
moment, 23, 27, 29, 46, 47, 60
monde, 1, 2, 4, 5, 25, 27, 122, 157, 161, 169, 172
montée, 159
moraux, 25, 152
mort, 127
motivation, 149
motivée, 21, 31, 104
motivés, 111
mouvement, 2, 3, 9, 17, 18, 21–23, 26, 31–33, 41, 42, 45–47, 49, 51–53, 57, 58, 60–62, 65, 68, 74, 76, 78, 82, 84–88, 97, 103, 108, 110, 112, 118, 122, 129, 131, 133, 135, 137, 138, 145, 155, 157–159, 162, 163, 166, 168
multidimensionnelle, 131, 144
multitude, 23, 27, 41, 95, 97, 123, 163
mutuel, 34, 37, 83
mutuellement, 122, 136, 150
mécompréhension, 117
médiatique, 102, 109, 110
méditation, 83
médité, 2
méfiance, 21, 48, 52, 81, 100, 102, 104, 108, 110
mémorable, 71
mémoriaux, 166
métaphore, 163
méthode, 107
même, 20, 26, 30, 36, 43, 49, 56, 62, 83, 87, 94, 122, 129, 144, 147, 149, 153, 171

n'était, 5, 6, 10, 17, 25, 28
Narek Voss, 13
narration, 33, 67
naturel, 32
naviguer ces, 35
navigué, 147
ne découle pas, 18
Nelson Mandela, 20
niveau, 19, 89, 100, 123, 129, 151
non, 3, 7, 9, 11, 13–16, 18, 19, 21–23, 27, 29, 32–34, 37, 38, 43, 45–47, 51, 54, 57–60, 63, 64, 66–71, 74, 76, 78, 79, 84, 86, 88, 112, 119, 121, 122, 127, 128, 134, 135, 138–140, 142,

145, 149, 151, 152, 155, 157, 159, 162, 171
notable, 37
notamment, 6, 30, 34, 43, 48, 113, 123, 141, 142, 151, 161, 170
nourri, 4, 148, 151
Nous, 68
nous, 23, 43, 47, 62, 84, 89, 92, 109, 111, 128, 131, 139, 140, 149, 151, 155, 166, 170
nouveaux, 36, 44, 74, 87, 158, 159, 165, 166
nouvelle, 29, 51, 61, 62, 64, 67–69, 71, 141, 158, 168
nouées, 84
novatrice, 1
nuire, 121
nécessaire, 2, 15, 26, 28, 34, 94, 100, 135, 145
nécessitait, 27
nécessité, 2, 12, 14, 34, 35, 37, 56, 60, 99, 110, 121, 134, 142, 165, 166
négatifs, 109
négative, 154
négociation, 136, 137

obligation, 19
obstacle, 16, 27, 37, 96, 97, 99, 134, 137, 138
offre, 80, 94, 141
omniprésente, 45
ont commencé, 49, 57
ont eu un, 103
ont façonné, 149
ont le, 121
ont souligné, 110

opinion, 49, 81, 84, 106, 109, 110, 153
opportunités, 38, 43, 87, 122
opposition, 36, 51, 57, 96, 101, 104, 106, 156
oppressif, 9, 25, 53, 62
oppression, 1, 2, 5, 11, 15, 17, 20, 25, 28, 31, 32, 34, 38, 43, 44, 47, 49, 53, 60, 62, 67, 84, 99, 113, 114, 118, 135, 149–151, 157, 158, 161, 168
opprimés, 14, 50, 94, 113
ordonné, 22
ordre, 22, 45, 46, 51, 60, 70, 72, 99, 100, 104, 153, 156
organisa, 35
organisant, 60, 67, 84
organisation, 32, 36, 50, 51, 138, 156
organisent, 167
organiser, 3, 11, 12, 17, 20, 32, 36, 38, 44, 45, 47, 49, 61, 65, 88, 96, 103
organisées, 57, 61, 70, 107, 110, 120, 156
organisés, 38
ou, 14, 22, 26, 35, 43, 48, 56, 63, 70, 72, 81, 84, 94, 96, 97, 99, 100, 102, 103, 107, 109, 122, 123, 127, 141, 142, 144, 145, 149, 150, 152, 153
outil, 49, 170
ouvert, 33, 96
ouverte, 28
où, 1–6, 9–12, 14, 17–21, 23, 27, 28, 37, 38, 45, 46, 48, 49, 52, 58, 60, 62, 63, 65–68, 70, 71, 79, 80, 82, 88,

Index

92–94, 96, 98–101, 103, 109, 112–114, 116, 117, 123, 124, 127, 128, 131, 134, 135, 137–141, 145, 152, 155–159, 166, 170–172

pacifique, 10, 11, 15, 23, 31, 103
pair, 171
paix, 102
par, 1–6, 8–17, 19–21, 23, 25, 26, 28, 29, 31–36, 41–43, 45–49, 51, 53–55, 57, 58, 60, 61, 63–66, 68–71, 76, 78, 80, 81, 83, 84, 87–89, 91, 96–108, 110, 111, 116, 117, 120–124, 127, 129, 134, 136, 138, 140, 141, 145, 147, 149, 150, 155–159, 161, 162, 167, 168, 170–172
parcours, 3, 7, 12, 14, 18, 21, 47, 84, 147, 149–151, 153
parole, 9
part, 33, 43, 98, 99, 104, 107, 134, 156
partageaient, 4, 17, 38, 150
partageait, 9, 83, 147
partageant, 12, 21, 62, 148
partagée, 12, 172
partagés, 138, 148
partenaire, 147, 148
partenariat, 84
participant, 83
participation, 103
particule, 8
particulier, 4, 17, 59, 96, 116, 131, 151
parviennent, 97

pas, 3, 5, 7, 10, 11, 13, 15–19, 21, 23–29, 31–33, 46, 56, 60, 62, 65, 67, 68, 70–73, 88, 94, 97, 120, 123, 129, 131, 135, 137, 141, 143, 148, 152, 153, 156, 157, 159
passion, 3, 7, 9, 12, 18, 21, 29, 33, 43, 46, 67, 83, 147, 148, 168
passionnée, 50, 70
passionnés, 15, 53, 150, 157, 166
passé, 64
patience, 27
paysage, 27, 36, 99, 106, 145, 157–159, 170
pendant, 46, 99
penseur, 12, 15, 16, 131, 147, 154
pensée, 1–21, 23, 27, 29, 31, 36, 37, 39, 43, 45, 47, 49, 53, 60, 61, 63, 65–72, 76, 78, 80, 82–84, 87, 88, 91, 93, 94, 96, 98, 100–104, 106, 116, 117, 119, 121, 123, 124, 127–129, 131, 139–142, 144, 150, 153–159, 161, 165–167, 169–172
Pensée Quantique, 138
perception, 27, 67, 69, 70, 72, 78, 97, 106, 131, 133, 148, 153–155, 157, 158
perdure, 31, 64, 76, 78, 165
permet, 8, 19, 25, 30, 100, 123, 139, 140
permettaient, 45
perpétuant l, 170
personnalités, 12, 166
personnel, 47, 60, 147, 151
personnelle, 16, 18, 21, 82–84, 151, 153, 159

personnellement, 99
perspective, 3, 11, 18, 25, 29
persécutés, 31, 35, 45, 150, 154
persévérer, 80
pertinence, 172
pertinent, 109, 145
pertinente, 53, 116
perçue, 1, 10, 19, 96, 100, 104, 153
perçues comme, 3
peu importe les, 12, 62
peut, 8, 19, 20, 29, 31, 34, 42, 49, 56, 65, 67, 72, 73, 88, 94, 101–103, 107, 108, 112–114, 116–118, 121–123, 125, 127, 129, 135–138, 140, 142, 143, 145, 150–152, 155, 160, 162, 164, 165, 170, 171
phare, 88
phase, 67
phrase, 11
physique, 1, 6, 25, 55, 103, 106–108
Pierre Bourdieu, 164
pilier, 112, 154, 172
place, 18, 25, 31–33, 36, 38, 43, 53, 88, 96, 103, 104, 107, 128, 143, 156, 158, 172
plaider, 61, 145, 158
plaidoyer, 35–37, 66, 71, 74, 76, 86, 131
plaidé, 40, 43, 122
planète, 1, 3, 4, 9, 13, 16, 17, 25–27, 33–38, 44, 48, 57, 64, 66, 67, 72, 74, 83, 88, 91, 94, 96–98, 106, 122, 135, 138, 143, 170–172
plateforme, 32, 64, 67, 70, 133, 135, 157, 158
poignant, 55

point, 6, 9, 25
polarisation, 156
politique, 3, 36, 49, 57, 59, 76, 78, 96, 100, 101, 142, 144, 145, 157–159
Politiquement, 49
populaire, 4, 49, 53, 59, 65, 110, 154
population, 3, 21, 52, 57, 61, 102, 110, 156, 157
portent, 86, 166
portée, 26, 84
position, 33, 36, 37, 61, 63, 65
positive, 80
possible, 15, 20, 62, 128, 131, 137, 171
possédaient, 48
potentiel, 25, 109, 131, 140, 144, 155
potentielle, 100, 104
pour, 1–7, 9–23, 25–29, 31–62, 64–74, 76, 78, 80–88, 91–110, 112–114, 116–124, 127–129, 131, 133–145, 147–159, 162–168, 170–172
Pour comprendre cette, 29
Pour illustrer la, 30
pourrait, 6, 36, 44, 71, 82, 96, 100, 101, 104, 121, 123, 124, 140, 141, 143, 144
poursuivait, 3
poursuivre, 54
poussant, 13, 47, 148
poussée, 5, 150
pouvaient, 11–13, 36, 134, 156
pouvait mener à, 70
pouvoir, 12, 49, 69, 70, 96, 99, 100, 145, 155
poème, 162

poétesse, 1
pratique, 83, 100, 101, 154
premier, 28, 29, 147
première, 22, 27, 34, 45, 47, 120
pression, 37, 47, 55, 57, 61, 65, 66, 68, 71, 98, 110, 147, 148, 150, 151, 157, 158
principe, 10, 32, 127, 140, 171
prison, 60
prix, 76, 78
problème, 28, 94, 156
problématique, 32, 122
proche, 150
produire, 94
produit, 31, 155
profonde, 4, 18, 45, 46, 80, 102, 117, 140, 148
profondément, 1, 3, 10, 11, 15, 17, 20, 28, 67, 96, 104, 149
progressait, 10
proie, 1
projet, 122
promeuvent, 142
promouvant l, 102
prononcé, 67
propagande, 48, 49, 97, 102, 106–110, 153
propagation, 104
proposition, 158
proposé, 17, 57
proposée, 156
propre, 11, 13, 15, 23, 28, 33, 34, 37, 44, 45, 97, 168
protection, 76, 82, 98, 101, 104, 145, 171
protestation, 120, 147
protègent, 96, 142, 145
protéger, 88, 142, 143, 145, 150
protégé, 122

protégée, 14, 29, 66, 93, 122, 128
provoquer, 100, 149, 159, 164
provoqué, 61, 69, 134
préjugés, 96, 138
présence, 52
présentée, 6
préserver, 145
prétendaient, 45, 70
prônent, 15
psychique, 100
psychologique, 8, 53, 103
pu comprendre la, 14
public, 13, 20, 35, 38, 45, 52, 65, 67, 74, 84, 97, 99, 138, 143, 158, 159, 164, 165
publique, 49, 66, 81, 97, 106, 109, 110, 131, 133, 153, 155
puissance, 159
puissant, 45, 118, 135, 165, 171
puissante, 74, 135
puissants pour, 10
punie, 63
périlleuse, 27
période, 64
pétition, 23

qu'elle, 3, 6, 17, 25, 27, 52, 56, 58, 69, 76, 83, 124, 134, 147–150, 152
qu'elles soient, 84
qu'entités, 80, 129, 145
qu'ils soient humains, 56
quant, 26, 37, 122, 142
quantique, 1, 3–21, 23, 27, 29–31, 34, 36, 37, 39, 43, 45, 47, 49, 53, 60, 61, 63, 65–72, 78, 79, 82–84, 87, 91, 93, 94, 96–98, 100–104, 106, 116, 119, 121–124,

127–129, 131, 139–142,
144, 145, 147, 150,
153–159, 163, 166, 167,
170, 172
que les, 152
que Qor, 12
question, 11, 13, 15, 20, 61, 72, 100,
102, 127, 131, 135, 144,
158
questionner, 22
qui prônent, 15
qui se, 32, 92
qui stipule que les, 152, 156
qui étaient, 147
quitter, 26, 27, 103
quo, 158
Qyron, 38

radicale, 61, 153, 155
raison, 17, 48, 53, 55, 96, 97, 101,
122, 137, 142, 148, 150,
152
rallier, 65, 134
rapport, 64
rare, 1
rassemblement, 4, 96, 103
rassembler, 12, 20, 32, 47, 68, 81,
84, 85, 99, 135, 160, 171
rassemblé, 138
recevait, 147, 148
recherche, 35, 48, 82
reconnaissance, 28, 31, 60, 68, 78,
91, 95, 103, 104, 107, 117,
121, 129, 141, 142, 145,
153
reconsidérer, 61, 156
recueillir, 52, 104
redéfini les, 67
rejetée, 158

relation, 83, 91, 100, 101, 140, 144,
147–150
relâche, 44, 85
remarquable, 66
remettant, 158
rencontre, 10, 13, 28, 29
rencontré, 4, 83, 99, 104, 150
rencontrée, 42
rendu, 156
renforcé, 11, 13, 16, 18, 33, 37, 38,
43, 49, 57, 60, 61, 64, 76,
78, 83, 84, 86, 106, 122,
135, 138, 150, 156, 158,
171
renforcée, 47, 70, 141
renforçant, 14, 15, 36, 64, 85, 124,
157, 166
renoncer, 46, 53
renouvelée, 29, 59
repose, 8, 19, 38, 113, 121, 123, 127,
134, 136, 140
reposent, 100, 101
représentant, 66
représentation, 106, 138
représentée, 107, 140
respect, 2, 6, 10, 38, 40, 69, 71, 78,
135, 172
respectifs les, 83
respectés, 3, 30, 62, 80, 83, 122, 123,
139, 171
responsabilité, 61, 112, 148, 149
ressentait, 149
ressenti, 148, 150, 152
ressortit, 29
restaurer, 64
restrictive, 36
retourna, 29
retrouva, 26
revanche, 148

Index 195

revendiquant le, 171
revendiquer, 2, 5, 22, 23, 38, 43, 44, 61, 64, 103, 113, 129, 145
reçu, 107
reçus, 78
rhétorique, 13, 70
rigide, 5
risquée, 25
rival, 14
rivalités, 97, 107
Rosa Parks, 162
route, 26
réaction, 134
réalisé, 18, 99
rébellion, 100, 169
récit, 102, 154
rédige, 20
rédiger, 76
réel, 28, 120
réflexion, 16, 121, 164
régime, 4, 9, 25, 31, 49, 53
régissent ces, 19
réponse, 22, 46, 57, 60, 66, 68, 107, 113
répressif, 45
répressifs qui craignent les, 91
répression, 3–5, 10, 17–21, 31, 32, 35, 36, 43, 46, 49, 51, 53, 56, 58, 60, 63, 65, 66, 83, 96–98, 103, 106–110, 131, 147–150, 156, 157, 169–171
réprimait, 9
réprimer, 46, 53, 62, 65, 96, 99, 104–106
réprimée, 19, 94, 131, 155, 159
réputée, 1, 6
réputés pour, 13
réside, 123

résilience, 9, 23, 27, 38, 47, 49, 60, 64, 66, 67, 74, 76, 80, 83, 91, 93, 99, 106, 151, 161, 168, 170
résistance, 4, 9, 11, 15, 17, 20, 31, 42, 46, 47, 49, 53, 56, 57, 60–62, 65, 87, 102, 106, 108, 138, 159, 164, 168, 170
résolue, 66
résolution, 33, 71, 135–137
résonnaient, 16, 28, 46
résonnent, 169
résonné, 11, 68, 161
résultat, 16, 31, 33, 72, 91, 98, 149, 157
résumé, 49, 86, 159
réunion, 34, 134, 153
réussie, 73, 130, 137
révélant, 17
révélé, 17, 47, 60, 62, 104, 144
réévaluation, 154, 158

s, 2, 3, 5, 7, 9, 11, 12, 14, 17, 19–22, 26–32, 34, 37, 38, 43, 44, 46, 49, 51–53, 56, 60–63, 65, 67, 71, 72, 74, 76, 80, 83, 87, 88, 91, 97, 103–105, 107, 109, 112, 113, 117, 122, 124, 128, 135, 137, 148, 150, 154, 156, 157, 164, 168, 170–172
sa, 1–7, 9–12, 15–18, 21, 23, 25–27, 29, 32–34, 37, 40, 43, 45–47, 60–64, 66–68, 74, 82–84, 97, 123, 124, 134, 138, 141, 147–152, 159, 161, 166, 168

Sa mère, 14
sabotage, 33, 100
sacrifice, 26, 166
sacrifié leur, 2
saga, 60
sain, 121
science, 144, 145
scientifique, 1, 14, 19, 48, 127, 145
scène, 56, 76
se, 2, 3, 5, 7, 9–11, 16–20, 23,
    25–28, 31–34, 37, 41, 43,
    44, 46, 48, 57–60, 63, 68,
    74, 78, 80, 84, 86, 92, 94,
    95, 103, 105, 110, 116,
    120–123, 127, 135–138,
    142, 144, 148, 150–153,
    157, 158, 170, 172
section, 12, 21, 23, 43, 48, 56, 62,
    76, 84, 89, 92, 109, 111,
    135, 140, 149, 155, 159,
    166, 170
semer, 52
sensibilisation, 18, 22, 32, 36, 37, 49,
    57, 60, 65, 67, 68, 70, 82,
    88, 110, 120, 121, 124,
    129–131, 154, 158, 172
sensibiliser, 13, 20, 21, 31, 32, 35,
    38, 39, 74, 81, 84, 131,
    143, 159
sentient, 112
sentiment, 49, 135, 140, 153
sentir déconnectée de, 152
sentir interconnectés, 116
seraient, 62
serait, 1, 9, 23, 26, 46, 47
servent, 65
ses, 1–7, 9–16, 20, 21, 23, 25, 26,
    28, 29, 34, 38–40, 42, 43,
    45–47, 52–54, 56, 60, 64,
    66–69, 71, 74, 76, 78,
    82–84, 99, 104, 109, 110,
    112, 121, 134, 135, 138,
    141, 147–155, 157–159,
    161, 166, 172
Ses discours, 13, 15
session, 71
seulement, 3, 5, 7, 9, 11, 13–16, 18,
    19, 21–23, 25–29, 32–34,
    37, 38, 43, 45–47, 51, 54,
    56–60, 62–64, 66–71, 74,
    76, 78, 79, 84, 86, 88, 112,
    119, 121–123, 127–129,
    131, 134, 135, 137–139,
    142, 145, 149, 151, 152,
    155, 157, 159, 162, 171
significatif, 3, 18, 21, 22, 61, 65, 97,
    103, 148, 157
significatifs, 117
signification, 2
significative, 30, 104, 156
silence, 61, 63, 69
similaire, 150
simple, 9, 31, 33, 65
simultanément, 8, 140
situation, 3, 22, 29–31, 43, 59, 63,
    84, 129, 131, 134, 140
social, 19, 48, 50, 59, 68–70, 78, 89,
    100, 101, 124, 135,
    151–153, 171
sociale, 12, 14, 17, 29, 44, 45, 48, 53,
    68, 78, 85, 100–102, 104,
    106, 116, 118, 121–123,
    141, 145, 149, 155, 162,
    170–172
sociologue, 160
sociétal, 124
sociétale, 123, 171
sociétés, 23–25, 29–31, 56, 72, 78,

Index 197

95–97, 110–112, 121, 123–125, 129, 143, 165
soit, 18, 32, 47, 100, 114, 123, 145, 149, 151
solidarité, 2, 3, 5, 28, 31, 34–37, 47, 49, 57, 61, 67, 69, 82, 85, 91, 93, 103, 112–114, 116–118, 135, 138, 140, 150, 157, 159, 166, 171
solide, 84, 131
solidifié, 33, 78
sombre, 65
son, 1–5, 7, 9–14, 16–18, 21, 23, 25–29, 31, 32, 34–36, 43, 44, 46, 47, 51–57, 59–62, 65, 68, 76, 78, 80, 82–84, 86, 123, 124, 131, 147–153, 155, 159–162, 164–167, 169
Son approche, 44, 68
sont, 3, 4, 14, 17, 20, 30, 31, 37, 41, 53, 55, 58, 63, 64, 66, 69, 80, 82, 84, 88, 89, 91, 92, 94, 96, 97, 99, 100, 102–105, 108–110, 113, 116, 118, 120–123, 127, 129, 131, 133–135, 137–139, 145, 152, 153, 156, 159, 166, 170–172
sophistiquées, 108, 120
sophistiqués, 107
sortie, 25
souffert, 48
souffrance, 4, 31
souffrent, 44, 96
soulevait, 28
soulignant, 9, 14, 33, 121, 122
souligne, 91, 110, 121, 131, 134, 160, 171
souligné, 40, 61, 110, 122
soulève, 129, 141, 144
soulèvent, 144
soumise, 46, 53, 60, 158
soumission, 4
source, 35, 44, 46, 80, 83, 84, 151, 162
sous les, 46
Sous sa, 7
soutenaient, 2, 48
soutenait, 13
soutenue, 26
soutien, 11, 14, 20, 22, 29, 34, 36, 37, 47, 49, 53, 56–59, 61, 64–66, 68, 70, 76, 81–83, 91, 94, 96, 97, 99, 110, 112, 114, 147–151, 155, 157, 159
soutiennent, 4, 96, 100, 101, 164
souvent, 2–4, 6, 10, 11, 13–15, 19, 26, 36, 43, 45, 48, 49, 54, 60, 62, 63, 67, 72, 76, 80, 81, 83, 91, 94, 96, 99, 100, 102–104, 106, 107, 109, 113, 116, 117, 122, 124, 129, 137, 138, 144, 145, 147–150, 152, 153, 161, 162, 164, 169, 170, 172
sphère, 1, 157
stabilité, 25, 63, 100, 104, 106
stagnation, 48, 49, 123
stigmatisation, 38, 48, 81, 91, 96, 106, 143
stopper, 122
stratégie, 20, 27, 52, 108, 110
stratégique, 32, 33, 76, 97
stress, 83, 151, 153
structure, 35
structurer, 32

subatomique, 89, 127
subi, 54, 65, 107
subie, 56, 58, 83
subtile, 10
succès, 3, 37, 43, 88, 95, 98, 99, 116, 118
suggère, 116, 152, 156
suggérant que la, 123
suit, 19
suivante, 8, 10, 15, 42, 107, 108, 136, 140
sujet, 29, 69
superposition, 8, 10, 19, 30, 123, 127, 140
supporter, 148
supprimés, 102
sur, 1–23, 25–39, 43–72, 76, 78–89, 94–98, 100, 101, 103, 104, 106–110, 113, 116, 117, 120–124, 127–129, 134, 136–138, 140–145, 147–151, 153–159, 161, 162, 165–167, 170–172
surmontant, 33, 51, 118, 128
surmonter, 5, 20, 28, 33, 34, 42, 67, 91, 97, 128, 139, 143
Surmonter les, 135
surpeuplées, 60
surveillance, 25, 51, 52, 96, 103, 104, 107, 108, 120
survie, 62, 108, 122
suscitent, 66
suscité, 22, 41, 47, 53, 56, 61, 67, 76, 103, 110, 167
symbolique, 12, 65, 168
symbolisant, 20, 61, 161, 163
système, 5, 57, 62, 79, 140, 163

systèmes, 3, 16, 17, 19, 23, 35, 37, 80, 84, 94, 97, 98, 103, 107, 117, 120, 138, 167
systématique, 10, 35, 43, 144, 156
systématiquement, 21
systémique, 113, 122, 124, 129, 157
sécurisés, 96
sépare, 140
série, 31, 35, 37, 58, 80, 84, 139, 153, 158
sévère, 31, 98

T'Khan, 63
tactique, 103, 107
talent, 164
Tandis que certains bénéficent d'un soutien, 91
tant, 5, 10, 12, 16, 18, 23, 26, 31, 33, 34, 36, 38, 43, 50, 53, 59, 60, 62, 64, 67, 70, 71, 80, 82, 87, 98, 103, 121, 127, 129, 139, 141, 144, 145, 147, 149–151, 153, 167
tard, 83
technologie, 6, 17, 26, 40, 48, 89
technologique, 48, 121, 123, 124
teintée, 4
telle, 34
telles que, 166
telles que celle, 31
telles que des concerts interstellaires, 37
telles que l, 82
telles que la, 1, 36, 66, 83, 97
telles que le, 151
temps, 27, 28, 80, 120, 124, 152
tendaient, 5
tendent, 43, 79
tentative, 25

Index 199

tenter, 141
terme, 61
ternir, 52
terrain, 45, 116
Terre, 20
terre, 20
terreau, 9
Thalax, 35, 44
Thalax, la, 96
thème, 167
théorie, 16, 34, 42, 43, 94, 113, 116, 118, 121, 127, 136, 142, 152, 155, 156
théorique, 27
torture, 53–55, 60, 83, 103
toucher, 165
touché, 31, 56
touchés, 48
tournant, 2, 9, 13, 25, 28, 36, 45, 60, 64, 69, 148
tout, 26, 29, 32, 35, 38, 40, 57, 88, 89, 134, 141, 145, 147, 148, 152, 153, 162, 167, 170
toute, 20, 21, 25, 36, 46, 53, 58, 62, 64, 66, 76, 96, 103, 108, 142, 143, 156, 159, 171
traditionnel, 31
traditionnelle, 6
traduction, 134
traduisaient, 28
trahison, 26, 97
traiter ces, 122
transcender les, 34
transcendé, 58
transformant ainsi, 159
transformation, 31, 61, 80, 123, 153, 155, 157
transition, 31–33

transparence, 64
transplanétaire, 36
traumatisante, 46
travail, 44, 48, 88, 166
travaillé, 44, 85, 166
travers ces, 14
travers les, 31, 38, 60, 64, 70, 86, 94, 165
triomphe, 37, 60
troublante, 62
trouvait, 54
trouve, 18, 127
type, 109, 134, 152, 153
télépathie, 144
témoignage, 12, 55, 69, 74
témoignent, 76, 93, 166, 170

unique, 27, 113, 122, 129
unit, 167
universelle, 36, 61, 172
utilisa, 35
utilisaient, 27, 28
utilisant, 17, 20, 21, 30, 32, 34, 65, 70, 72, 107, 131, 140, 154, 164, 165
utilisation, 40, 51, 76, 80, 110, 141, 156
utilisent, 96, 120, 168, 171
utilisée, 37, 49, 70, 100, 102, 103, 107, 123, 144, 145

vague, 47, 68, 103
vaisseaux, 26
valeur, 48, 88
valorisée, 5
varient, 91, 143
vaste, 18, 32, 41, 47, 92, 94
vibrantes, 16

vie, 1, 2, 12–14, 23, 25, 27–29, 33, 38, 40, 45, 68, 69, 82–84, 94, 120, 121, 123, 140, 142, 149–151, 153, 168, 172
vigilance, 110
violation, 16, 43, 54
violence, 15, 53, 100, 102, 103, 106, 162
violente, 43, 46, 107
visaient, 39, 54
visait, 52, 53
visent, 38, 65, 74, 106–108, 167, 172
visibilité, 37, 58, 78
vision, 5, 14–16, 18, 19, 25, 29, 32, 33, 36, 38–40, 62, 67, 97, 123, 124, 139, 147, 148, 150, 161, 171
visitée, 25, 34
vivant, 127
vivre, 18, 27, 121
voisine, 83
Vortan, 37
Voss, 13
voulait, 150
voyage, 23, 25, 27, 80, 88
vu, 5, 10, 11, 59, 61, 71, 88, 157, 172
véhicule, 46, 171
vérité, 10, 12, 64

Xeloria, la, 37
Xelthar, 94
Xyloth, 30
Xylox, 96

yoraxienne, 4

Zara K'Varn, 44
Zara Qel, 31

Zarnak, 154
Zelt, 15
Zentar IV, 65
Zenthara, 34, 170
Zorax, 33
Zorax T'Varn, 11
Zylthariens, 27, 28
Zynthar, 72
Zyphor, 91

État, 49, 97
à, 1–40, 42–49, 51–58, 60–72, 74, 76, 78, 80, 82–89, 91, 93–104, 106–110, 113, 114, 117–125, 127–129, 131, 133–138, 140–145, 147–159, 161, 162, 165–172
ère, 62, 71
échange, 20, 34, 95, 113, 114
éclairées, 142
école, 4, 10
économique, 49
écrit, 11
écrivains, 169
éducation, 1, 2, 7, 14, 35, 39, 40, 44, 48, 63, 83, 86, 88, 91, 122, 124, 127, 128, 131, 150, 154, 155, 157, 172
également, 3–5, 7, 9–14, 16–18, 20–23, 25–27, 33, 34, 37, 38, 40, 44, 45, 47, 48, 51–54, 56–61, 63, 64, 68–70, 76, 78, 79, 82–84, 86, 96, 97, 99, 101–103, 106–108, 110, 112, 119–123, 127–129, 131, 134, 135, 137, 138, 141,

Index

145, 148–152, 155, 157–160, 162, 167, 171
élargi, 3, 6, 11, 18, 43, 84, 122, 160
élargir, 14
élue présidente, 34
élève, 150
élément, 26, 165
émergé, 49, 53, 72, 97, 171
émotionnel, 26, 83, 148, 151–153
équation, 2, 6, 8, 10, 12–14, 32, 42, 48, 63, 65, 67, 70, 91, 100, 101, 104, 106–108, 124, 129, 131, 136, 147–149, 154, 155, 163, 168, 171
établir, 17, 20, 27, 32–34, 36–38, 44, 66, 81, 84, 85, 97, 135, 140, 145
établissement, 86
étaient, 1–3, 5, 6, 8, 10, 11, 13, 14, 16, 17, 21, 25, 26, 32, 35, 37, 43, 45, 48, 54, 60, 67, 147, 151, 153, 154, 158
état, 26, 163
éthique, 15, 40, 110, 120, 121, 131, 141, 144, 145, 150
étouffer, 58, 62, 69, 96, 99, 106–108, 156, 159
étouffée, 10
étranger, 55
étude, 1, 11
étudiant, 11, 33
étudié, 162
été, 1–5, 7, 9–18, 22, 23, 31–33, 36–39, 41–43, 46–49, 51–53, 55, 57–64, 68–73, 76, 80, 81, 83, 84, 86, 88, 95–100, 102, 103, 106–110, 112, 122, 128, 133, 134, 147–159, 161, 162, 165–167, 172
évaluation, 151
évasion, 60–62
éveiller, 20, 53, 128, 165
éveillé, 10, 15, 58
éviter, 134
évolution, 19, 66, 88, 119, 124, 131, 155
évolué, 44, 87, 157
évoque, 66
événement, 2, 37, 45, 60–62, 71, 117, 138, 148
être, 2, 8, 10, 12, 15, 19, 26, 29, 34, 37, 40, 42, 43, 50, 55, 58, 62, 63, 66, 72, 74, 96, 100, 102, 103, 105, 107–110, 112, 113, 116, 120–125, 127, 136–138, 140–145, 150–153, 155, 156, 158, 160, 165, 170, 171